揺れる心が自分をつくる

放課後活動だからできること

村岡真治

全障研出版部

はじめに

真の「生きる力」、「気持ちの育ち」を

ゆうやけ子どもクラブ（東京・小平市）は、障害のある子どもの放課後活動を行っている。今から35年前の1978年、子ども4人・ボランティア5人で始まった。それが現在では、全体の登録児は90人。常勤職員7人、非常勤職員30人が働くまでになった。

庄吉（特別支援学校小学部3年。知的な発達の遅れ）が、私の頭を叩いて、ニヤリとする。遊んでほしいようだ。

私はわざと、「めまいがする…」と、フラフラ歩く。彼の体にしなだれかかる。彼は、「ヒャー」と悲鳴をあげて、逃げていく。

きょうの活動が終わった。彼は、みんなの前で「集まってー！」と声をだす。サヨナラのあいさつをしたいらしい。

そのとき彼は、私をチラリと見る。（何か、しかけてこないのか）とでも言うように。

私は、（それでは）とばかりに駆け寄って、彼に抱きつく。「集まりました」と。

彼は、「あっちで（離れて）集まって！」と、私を押しのける。背筋を伸ばして、「サヨナラ！」と、元気よく言う。

母親が迎えにきた。彼は、リュックを背負って、玄関へ走っていく。

その途中、高校生の正宗にリュックがぶつかった。正宗は、ちょっとしたことでも、カッとする。

反射的に、庄吉の足を蹴った。

庄吉は、大声で泣きじゃくる。私は、「おー、かわいそうに」と、蹴られたところをさする。彼は私に、「（代わりに）やっつけて！」と訴える。

だが、正宗は刺激しすぎると、かえって逆効果。私は、正宗に聞こえないところから、「蹴ってはいけませんよー」と〝注意〟する。それを聞いた庄吉も、勢いを得たのか、数メートル離れたところから、おそるおそる、「エイ！」とパンチを突き出す。

そのあと彼は、靴を履いて、母親の手を取った。

「サヨナラ」。私にそう言い残すと、泣きやんで、玄関を出ていった。

なんと鮮やかな切り替えだ。以前の彼なら、いつまでもグズグズしていたに違いない。

（偉いぞ、庄吉！）。

彼は、〝遊び仲間〟の私に、悔しい気持ちが受け止められた。それをバネにして、見事に気持ちを立て直し、帰宅していった。

はじめに

私たちはこれまで、放課後活動にふさわしい実践をさぐってきた。「単なる預かり」ではなく、かといって「きっちりした訓練」でもなく、真の「生きる力」を育てたい、と。「気持ちの育ち」（人格の形成）は、その課題の中心に位置づく。

ところで、ゆうやけは2013年4月、東京都の補助金制度から、国の制度（放課後等デイサービス）に移った。都の補助金が廃止されるからだ。これまでの第1・第2子どもクラブは、どちらも20人定員となった。待機児を解消するため、第3子どもクラブ（10人定員）も新しく始めた。だが私たちは、その準備の過程で知った。国の制度のもとでは、子どもへの働きかけについて、「計画どおり」「期限を区切って」というやり方が強調されていることを。（これでは、製品を作るのと同じ。子どもの気持ちは置き去りにされる！）。

前著『ゆうやけで輝く子どもたち』を刊行して5年がたちました。「まだ5年」とはいえ、本書は、危機感にも似た思いの中でまとめました。子どもの「気持ちの育ち」にいっそう視点をあてて実践記録を綴ったほか、子ども・職員・親・地域への向き合い方についても、新たに書きました。

障害のある子どもの子育てや実践にたずさわっている、多くの保護者・実践者・関係者の皆さんに読んでいただけたら幸いです。

目次

カバーデザイン　永野徹子
題字　村岡真治
写真　木下浩一（8・93・101・107・124・128ページ）

【第１章】

「ひとり遊び」の文哉が、仲間に心を開いた

自閉症の文哉（小4）は、いつも「ひとりで」いた。誘っても、みんなの中に入ってこない。人と交わることが、わずらわしいのだろう。また、外出を嫌がった。外では、思いがけない変化が起きるから、苦痛なのか。彼の〝閉ざされた〟世界を開くには、どうするとよいのか。

見えてきたのは、彼の、アニメ「機関車トーマス」好きだった。（気持ちを外へ）と考え、「トーマス」を活用しての「外出」などに取り組んだ。だが、あるとき気づく。

求められているのは、物理的に〝外に〟向かわせることではない。「仲間に心を開く」こと――。

それが、彼を「集団に位置づかせる」実践への再出発点になった。

文哉の気持ちを動かす

文哉（特別支援学校小学部4年。自閉症）は、いつもひとりでいる。今も、床に座りこんで、電車のおもちゃを並べている。

（他者とかかわる楽しさを味わわせたい。何か、きっかけはないか）。

私は、彼のそばで、電車のひとつを「ガタンゴトン…」と動かしてみる。「イヤだ」。彼は背を向ける。私に（かかわるな）と言うのだ。そして、私が立ち去らないと見るや、電車を抱えて、ホールの隅に〝避難〟していく。

私は、しかたなく、彼の様子を観察することにした。

すると、彼は電車を、そばの畳台（部屋の一部が少し高くなって、畳が敷いてある場所）にぶつけた。畳台の上から床に落としもした。「脱線」とつぶやきながら…。

私も、「脱線！」と言って、電車を畳台にぶつけてみた。彼が顔を上げて、私のほうを見た。（「ぶつかる」「落ちる」「脱線」――。もしかして、変化のある遊びが好き？）。

私は、勢いづいて、「こっちも脱線した！」と、彼の脇腹をくすぐる。彼は、笑い声をたてて、逃げだす。（おおっ、気持ちが動いた！）。

私は、汽車になったつもりで、「シュポポ…」と声をだしつつ、追いかける。彼をつかまえて、細い体を抱きあげる。「危ない。脱線する！」と声をあげて、畳台に下ろす…。

彼は、それ以来、私に「脱線！」と言って、抱きあげることを何度も求めてくるようになった。母親に聞くと、この「脱線」とは、彼が自宅で観ているアニメ「機関車トーマス」の一場面だった。「トーマス」は架空の世界。だが、それを〝切り口〟にして、彼と私のかかわり合いが始まった。ひとり遊びをしていた彼にも、他者とつうじ合う〝窓口〟がたしかにあった。

なじみの薄い場所は不安

それでも彼は、外出だけは、どうしても嫌がった。

私が「公園に、ちょっとだけ行こうよ」と誘えば、たまに出かけることもあった。だが彼は、ジャングルジムに片足をかけるだけ。本当に「ちょっとだけ」で戻ってしまう。

そういえば、室内でも当初は、電車のおもちゃで遊ぶだけだった。なじみの薄い場所では、好きなモノに向かわざるをえないほど、不安が大きいのだろう。まして、広い屋外では、身の置きどころがないのかもしれない。

私は思い定めた。(無理強いはやめよう。当面は、室内であっても、彼がいっそう安心して自分をだせるようにしよう)と。

さまざまな〝脱線〟遊び

文哉がひとり、イスに座っている。私は、その後ろで、駅のアナウンスを真似る。

「まもなく、電車が発車します。ドアが閉まります」。

「ガタンゴトン…」と言いながら、イスの背もたれを、押しはじめる。彼の体重は軽いので、イスは容易に床を滑っていく。

私はわざと、そ知らぬ顔で、再び〝アナウンス〟する。

「まもなく、この電車は〝脱線〟します」。

彼は、「ワッ」と笑って、イスから飛び降りる。私は、「お客さん、動いている電車から降りてはダメですよ」と言いつつ、彼を追う。そして、体をつかまえて、「脱線した！」と、くすぐる…。

私は彼と、さまざまな〝脱線〟遊びを展開した。

そして、こうしたかかわりを、ほかの指導員とも交代していった。そのひとりに、藤村（女性）がいた。

図書館に出かけた！

ある休日。藤村が、ゆうやけ近くの図書館を訪れた。そこで偶然、文哉に会った。彼は、「トーマス」の絵本を読みに、母親に連れてきてもらっていた。

藤村は、ふと思った。

（この図書館だったら、彼も、ゆうやけから出かけていくかもしれない）。

次の活動日。藤村は、さっそく彼に声をかけてみた。

「図書館に行って、『トーマス』を読もうか」。

「行く」。彼は、あっさりと答える。

だが、ゆうやけの玄関を出ると、やはり座りこんだ。（行きたいけれど、どうしよう）と迷っているのだろう。

（歩きだすきっかけをつくりたい）。そう思って藤村は、いったん彼をおんぶする。玄関から数メートル運んで、地面に下ろす。

すると彼は、「目的地に到着！」と言ったかと思うと、いきなり駆けだした。図書館の方向へ…。ゆうやけから図書館へ行くのは初めてのはず。だが、曲がり角も、間違えずに折れていく。5分ほど走り続けて、図書館に飛びこむ。さっそく、「トーマス」の絵本を棚から出して広げる…。

彼は、この日を境に、頻繁に図書館に出かけるようになった。

（こんなに簡単に外出するようになるとは！　彼にとって、「トーマス」の魅力は絶大！）。

私は、あっけにとられた。

だが、同時に不思議だった。（なぜ彼は、ゆうやけから図書館まで、すでに道を知っているかのように走れたのか）と。

納得が不安を吹き飛ばした

あるとき、文哉が私に「すいどうかん」と言ってきた。（下水道館に出かけたい）ということだ。

下水道館は、ゆうやけから徒歩20分ほどの施設。地階に下りると、実際の下水道に入れる。上階には図書コーナーもある。

だが、彼はそこまで、ゆうやけから歩いたことがない。

（どうやって行くつもり？）。

私は、彼を先に歩かせて、あとについていった。すると彼は、戸惑うこともなく進んでいく。

（あっ、そうか。この道は以前、子どもたちを車に乗せて通った！）。

私は、しばらくして、思いあたった。彼は、車に乗ったときに見た、窓の外の風景を覚えていたのだろう。その記憶をたどって歩いているに違いない。

私は、そこまで考えおよんだとき、ハッとした。彼が以前、図書館まで迷わず行けたわけがわかった気がした。

図書館は、自宅とゆうやけのあいだに位置する。彼はあのとき、すでに記憶していた「自宅から図書館までの道」と、「自宅からゆうやけまでの道」とが頭の中でつながって、（この道を曲がれば、図書館に着ける）と、あたりがついたのではないか。それで、「目的地に到着！」という言葉を発したのだろう。

思考が〝線〟でつながって、納得できた。そのことで、外出への不安を一気に吹き飛ばした――。

私は、そう推察した。

水泳帽子をかぶるから、（プールに入らせて）

文哉は５年生になった。私は、担任の沢井先生（女性）から、彼の学校での、こんな様子を聞いた。

沢井先生がホームルームで彼に話す。

「あした、プールの授業があります。水泳帽子をかぶらないと、プールに入れませんよ」。

彼は、これまで、水泳帽子を決してかぶろうとしなかった。頭が締めつけられるのが嫌いなのだろう。だが、プールそのものは大好きだった。

翌日。雨天ではないものの、気温が低かった。沢井先生が子どもたちに、「きょうのプールはありません。代わりに、通常の体育をします」と告げる。

すると彼は、バッグから水泳帽子を取り出して、自らかぶった。そして、目に涙をためて、沢井先生を見つめる。

（プールに入らせて…）。

私は、この話に感激した。彼は、（雨でもないのにプールに入れないのは、ボクが水泳帽子をかぶらないせいだ）と、考えたに違いない。

（すじ道をたてて考える力が、ここでも発揮されている！）。

私は、彼の内面の成長まで見える気がした。

だが沢井先生は、こうも続けた。

「文哉は、ほかの子と、絵本を取り合ったり、童謡を一緒に歌ったりしています」。

（ええっ？　学校では、そんなことまで、できているのか！）。

私はショックだった。ゆうやけでは、ひたすら、指導員との外出ばかり。友だちとの交流など考えてもみなかった。

「トーマス」を活用した、大人との関係づくり、外出…。そうした〝特異〟とも思える活動の中で私は、いつの間にか、彼の力を見限っていた。彼は、人とモノとに、〝折れ線〟のように順に向かいながら、成長の課題を乗りこえていくのだろう、と。

だが、彼もまた、行動範囲を広げつつ、人間関係も豊かにしていける存在なのだ。

みんなの中に呼び戻す

（文哉を、みんなの中に呼び戻そう）。

私たちは、「トーマス」の〝力を借りる〟ことにした。「トーマス」の絵本の数ページを拡大コピーする。これを紙芝居に仕立てる。紙芝居のストーリーも検討した。

彼は、電車のおもちゃを〝脱線〟させて遊んでいた。「ひげじいさん」の手遊びをするときも、藤村が歌詞を「アンパンマン」に替えて歌うと喜んだ。何かが突然、別の状態に転じてしまう意外さがおもしろいのかもしれない。

そんな中身を、紙芝居にも取り入れようとした。「トーマス」が思いがけず、雪の原に突っ込んだり、転車台（列車の向きを変える回転台）でグルグル回ったりする場面を選んだ。そこが山場になるすじ書きを作った。

紙芝居の初日。子どもたちに、「きょうは、トーマスの紙芝居をやるよ」と伝える。

文哉はいつものように、外に行こうとする。だが、いったん出かけて、しばらくしたら戻ってきた。彼は、みんなに混じって、紙芝居をジッと観ている。終わったあとは、絵を手に取って眺めてもいる。

翌週は、演目が「転車台でグルグル」だった。のちに、母親が教えてくれた。「あの日は、家でもプラレールを出して、おもちゃの機関車を転車台で回転させていた」と。

こうして彼を、なんとか呼び戻すことができた。

とはいえ、ほかの子どもとのやりとりは、いまだ見られないでいた。

「トーマス入り」の絵カルタを試みる

私たちは次に、「トーマス入り」の絵カルタを試みた。

絵カルタ自体は、これまでもやっていた。50枚ほどの絵カードを子どもたちが取り囲む。「ケーキ」のカードを取るときなら、読みあげ役の大人がまず、「クリスマスに食べる…」と、前振りを言う。そして、「ケーキ！」と読みあげる。そのあと子どもたちは、いっせいに「ケーキ」のカードに手を伸ばす。

ここに、「トーマス」に出てくるキャラクター（「トーマス」「エドワード」など）の絵カードも混ぜてみる。（文哉が、ほかの子どもと「トーマス」などを取り合ってほしい）と願って。ただし、彼はこれまで、絵カルタに参加したことがない。

実際にやってみた。すると彼は、「トーマス」に導かれて、すんなり加わってきた。

「2位だよ」と言われ、立ち直る

だが、ときにトラブルも起こった。

ある日の絵カルタ。読みあげ役の指導員が、「トーマスの仲間の…」と、前振りを言いはじめる。文哉はすぐに、そのカードが「エドワード」だとわかる。読みあげが終わらないうちに、「エドワード」のカードに触れた。

そのとき、ルールにうるさい徹（特別支援学級小学３年）が声を張りあげた。

「お前、ずるいぞ！」。

（読みあげが終わらないのに、カードを取ってはダメだ）と言うのだ。文哉の手から、強引に「エドワード」をもぎ取った。

文哉はベソをかきだした。そばにいた藤村が、「やり直せばいいよ」となだめる。だが、それでも涙が止まらない。

子どもたちは、取り終えると、自分が取ったカードの枚数を発表し合う。藤村が、文哉の代わりにカードを数えて伝えた。

「19枚。すごいよ。2位だよ！」。

そう言われても文哉は、まだ泣いている。

そこに、徹がやってきた。「仕方ない。お前を2位にしてやる」と、声をかけた。

徹は、3位になって、文哉に負けていた。だが、いつまでもメソメソしている文哉をかわいそうに思ったのだろう。

すると、なんと文哉は泣きやんだ。そして、自分が取ったカードを、まじまじと見つめている。

友だちに「エドワード」を奪われて、悔しい思いをする。だが、「2位だ」と言われて、自分で立ち直る――。

（私たちが求めていたのは、まさにこんな彼の姿！）。

由香里は気になる存在

文哉が6年生になった。彼は絵カルタで、由香里（特別支援学校小学部2年）とカードを取り合うようになっていた。

由香里は、読みあげに関係なく、気ままにカードを手にする。「トーマス」のカードも、勝手にどこかへ持っていく。

彼はそのたびに、由香里から「トーマス」を取り返そうとした。だが由香里は、いったん手にしたカードは放さない。互いに、泣きじゃくりながら押したり、叩いたり…。

だがふたりは、それ以外の場面では、まったく交わらない。彼はあたかも、「トーマス」がらみでなければ、由香里に無関心のように見えた。

けれども彼は、日がたつにつれ、藤村に話しかけてきた。

「由香里ちゃん、お迎え、ジェットコースター」。

（由香里は、迎えがジェットコースターのようにピューと来る。それに乗って、早く帰宅してほしい）と言いたいのだろう。

彼にとって、「トーマス」を持ち去る由香里は、やはり気になる存在なのだ。「トーマス」の奪い合いをくぐり抜けて、由香里への関心を深めていたに違いない。

他者と揉まれて育つ

文哉が中学部にあがった。あるとき彼は、持っていた「トーマス」の絵本を、ほかの子どもに取られてしまった。

だが彼は、泣くこともなく、指導員に伝えにくる。「お迎え、あとで。文哉、偉い」（絵本を奪った子どもの迎えがきて、その子がいなくなったあとで絵本を読む。そんな文哉は偉いだろう）と。（文哉、見事！）。

彼はかつて、興味の対象が「トーマス」に限られていた。だが、そのことが活かされれば、人と交わるようになった。すじ道をつけて考えるようにもなった。そして、そうした力を、友だちとぶつかり合うなか、仲間に心を開くためにも使いはじめた。

「人間として生きる力」は、他者と揉まれて育つ——。彼は、私たちの仕事の意義をあらためて教えてくれるのだった。

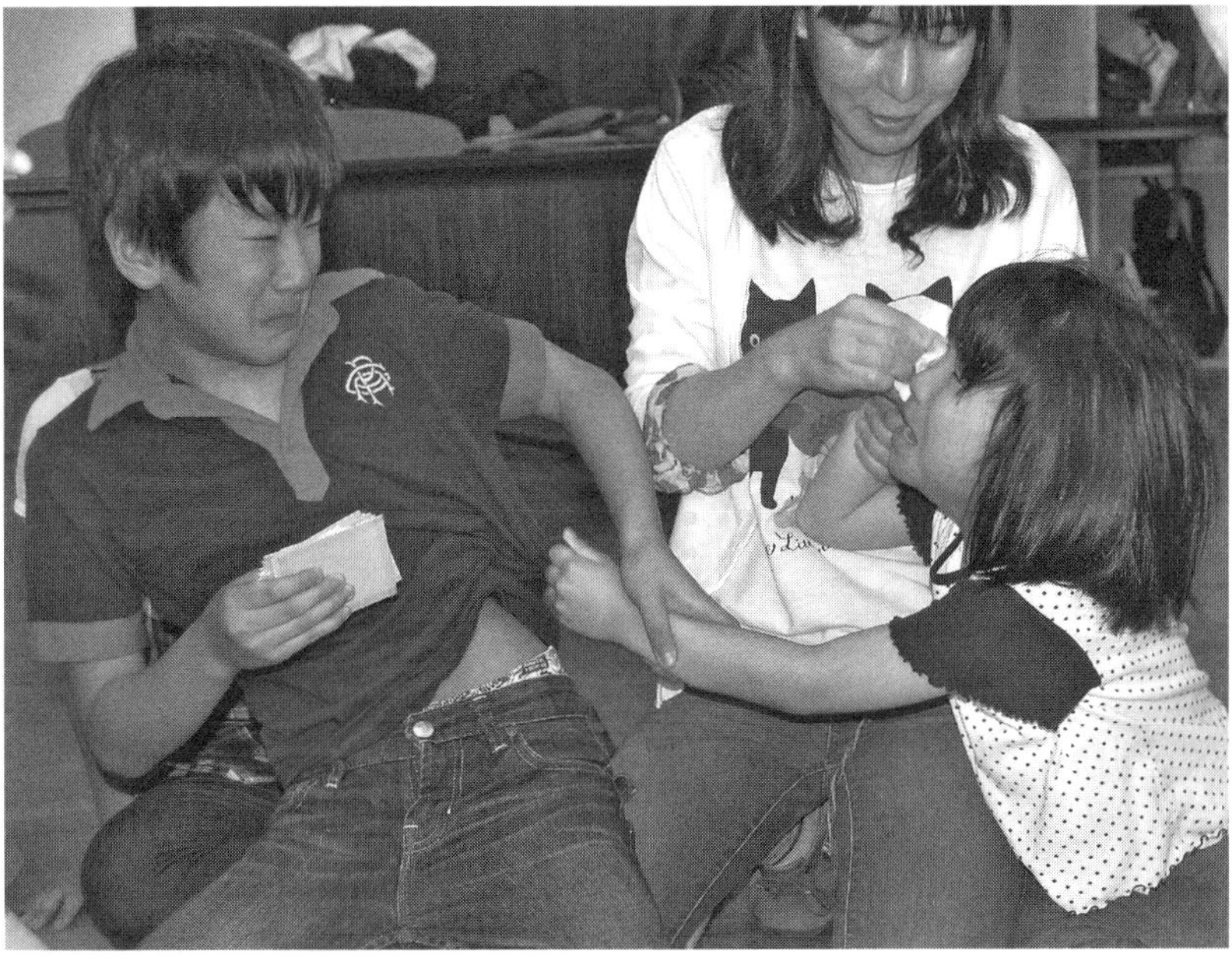

由香里とカードを取り合う文哉

【第２章】

学年集会の司会をやり遂げた重之

重之は、中1になって、ゆうやけに入ってきた。

彼は、物陰に隠れるように過ごしていた。事前の調査では、「重之は、人見知りだが、言葉の理解もある」と聞いていた。だが、私が出会った彼は、それとはまったく異なっていた。むやみに、大人に反発する。注意されると、「てめー、ぶっ殺すぞ」などと、乱暴な言葉を発する…。

この、実際とのギャップは、いったい、どこから来ているのだろうか。

言葉ではわかりつつも、いや、わかるがゆえに、「できないこと」との狭間で苦しんでいる――。

私たちが、彼が抱えている深い〝悩み〟に気づくのは、ずっとあとだった。

むやみに大人に反発

重之（知的発達の遅れ）は、特別支援学校中学部1年になって、ゆうやけに入ってきた。だが彼は、ゆうやけの施設の中に入らない。やっと玄関をくぐっても、物陰に隠れている。

彼の入会申し込みを受けつけた職員は報告していた。「人見知りするものの、言葉の理解力は高い。身のまわりのことも、しっかりできる」と。

（そのうち慣れるのでは）。私は気軽に思っていた。

ところが、日がたつにつれ、乱暴な言動がめだってきた。

彼は、すれ違いざま、指導員のおなかにゲンコツをくらわす。注意されると、「うるせー」「てめー、ぶっ殺すぞ！」と怒鳴る。おやつに誘われても、「そんなもん、食えるか！」。イスを振り上げて、「こんなとこ、なくなれ！」…。

むやみに大人に反発するのだ。

私は、第一印象との落差に面食らった。とはいえ、これまでの経験から予想もした。（知的な障害が軽い子どもでも、他者との交流が不十分だと、人間関係を結びにくいことがある。彼も、みんなとの遊びをとおして、徐々に落ちついてくるだろう）と。

だが、彼の本当の〝悩み〟に気づくには、なおも時間を要した。

やりたくてもできない葛藤

その年の夏合宿（中高生対象。千葉県で２泊３日）。

２日めの夕食後は、レクホールで、歌や寸劇の発表会をする。事前に、宿泊部屋（子どもと指導員７～８人）ごとに、何を発表するか相談した。

重之の部屋では、彼が「ルパン、やりたい」と言いだす。ほかの子どもたちも同意して、「ルパン三世」（アニメ）の劇をすることになる。

「ルパン（役）は洋助がいいんじゃないか」。

彼は、率先して配役を決める。

指導員と協力して、小道具も作っていく。厚紙の〝ピストル〟もできた。

本番。彼の部屋のメンバーは、〝ピストル〟を持って、ホールの舞台へ…。

彼も、ホールまでは、やって来た。だが、後ろのカーテンに隠れてしまった。いくら呼ばれても、出てこない。やむをえず、彼抜きで「ルパン」が始まる。

すると彼は、いきなり、「ウォー！」と、叫び声をあげた。カーテンの近くにいた指導員を叩きだす。イスをぶつけようともする。

そのすさまじいありさまに、私は思わず、彼の両腕をつかんで止めた。嫌がる彼を、ホールの外に連れ出した。

「死んでしまえ！」「臭いんだよ！」…。

彼は私に、思いつく限りの〝汚い言葉〟を浴びせる。ついには、私がかけていたメガネを奪って、握りつぶした。

ところが、しばらくして、涙をポロポロこぼしだした。そうしながら、なおも必死に、私に乱暴な言葉をぶつけてくる。

（ああ、しまった！）。

私は、彼の姿を見て、急に後悔の念にかられた。

彼は、本当は「ルパン」をやりたかったのだ。だが、みんなに注目される、あらたまった場面は苦手なのだろう。（やりたくてもできない）という葛藤が、乱暴な行動として現れたに違いない。だとすれば、制止するだけの対応でよいはずがない。

私は、自分が情けなくなった。その場を、男性指導員の青山にまかせて、予備のメガネを宿泊部屋に取りにいった。

すると意外なことに、重之が青山に連れられて、私の部屋までやってきた。

「メガネ壊して、ゴメンナサイ」。彼は、頭を垂れて言う。

青山によれば彼は、私が立ち去ったあと、「（私に）どう謝ったらいいか、わからない」と漏らしたらしい。青山に促されて、私を追ってきたのだった。

私は、「いいよ」と答える。彼は、ホッとした表情で部屋を出ていく。

（彼にとって、暴れてしまうことは本意ではない。彼が、緊張しないで、もっと自分をだせる機会を豊富に用意しよう）。

私は、彼の後ろ姿を見送りながら、そう考えた。

「塩焼きソバ」を買ったことをバネに

きょうのおやつ作りは、焼きソバだ。

彼はこれまで、おやつを作ったことがない。子どもと一緒に作っている指導員の背中を押したり、叩いたり…。わざと邪魔をする。作りたくても、みんなとは作れないでいる自分に気づいてほしいのだろう。

そのため、職員会議で話し合った。「自ら材料を買うことで、作りたい気持ちが高まるはず。そこに、働きかけの手がかりが見つかるかもしれない」と。

女性職員の井原が、数人の子どもを誘って、買い物に出かけるとき、重之にも聞いた。「一緒に行く？」と。すると彼は、井原たちについていった。

スーパーに着いた。岳志（特別支援学校高等部1年）が、「ソース焼きソバ」のパックを買物カゴに入れていく。

これに対して、重之が主張した。

「違うのがいい」。

岳志が入れた「ソース焼きソバ」をカゴから出す。代わりに、「塩焼きソバ」を入れようとする。

「ダメだよ！」。

今度は岳志が、「塩焼きソバ」を出して、「ソース焼きソバ」を入れる…。互いに譲ろうとしない。

井原が提案した。

「岳志はソース味、重之は塩味を作ったらどう？」。

ふたりは、これに納得する。２種類の焼きソバをカゴに入れて、レジへ…。

重之は、ゆうやけに着くとさっそく、材料を調理台に運ぶ。それを見た井原が、さり気なく、「塩味係、よろしくね」と声をかける。

すると彼は、フライパンで材料を炒めだした。「みんなと一緒」が苦手にもかかわらず、子どもたちに混じって。

「塩焼きソバ」を買う――。彼は、自分の意見が取り入れられたことをバネにして、おやつ作りに初めて加わった。

ふたり共同の〝生け花〟

ある日。理沙（特別支援学級小学６年）が屋外から、大量の草を摘んできた。茎をハサミで切ったり、ペットボトルの空容器に挿し込んだり…。ひとりで、〝生け花〟を始める。

その様子を重之が見ている。

「ハイ！」。

理沙が不意に、草の１本を、彼に差し出した。

彼は、それを当たり前のように受け取る。そして、無言でペットボトルに挿す…。期せずして、ふたり共同の〝生け花〟が始まった。

彼は、大人に対しては、ささいなことで、文句を言い放つ。だが、相手が理沙だと、黙々と手を動かしている。

理沙は以前から、草花を廊下に飾ったり、人にプレゼントしたりしていた。そんな、気の優しい、年下の彼女に彼は、素直な思いを自然にいだいたのかもしれない。（手伝ってあげよう）と。

「ひとり対全員」バレーのアイディア

重之は、みんなと風船バレーもしたことがない。

だが、あるとき井原に、「『ひとり対全員』でやりたい」と言ってきた。（「重之ひとり」と「ほかの人たち全員」で対戦しよう）ということらしい。

ところが、子どもたちは、勝手に動き回っていて、なかなか集まらない。仕方なく井原が、「ひとり対全員」に分かれていないうちに、「（試合）始め！」と、声をだした。

すると彼は、いきなり井原につかみかかった。「『ひとり対全員』で、やりてえんだよ！」と、大声で息まく。

彼は、近くの男性指導員に、井原から引き離される。「そんなことをしちゃダメだよ」と叱られもする。

すると彼は、短時間で静まった。井原のところに行って、「ゴメンナサイ」と謝ってもいる。

（ええっ、この激しい感情の変化は何？）。私は不可解に思った。

だが、考えてみれば、「ひとり対全員」とは、集団での行動が苦手な彼の、（これなら参加できる）というアイディアなのに違いない。それが妨げられたため、ついカッとなってしまった。ただし同時に、（これは、まずかった）と、自らを省みることもできるのだろう。

ようやく、子どもたちが集まって、「ひとり対全員」の形になった。試合が始まる。彼は、勢いよくジャンプして、風船を打ち返す。

そのうち、彼の側に、ほかの子どもが入りこんできた。もはや、「ひとり対全員」ではなくなった。それでも、彼は機嫌を損ねない。風船をトスして、その子にも打たせている…。

「ひとり対全員」という、とっぴなアイディアであっても採用された。いわば、自分を受け止めてもらえた。そのことで、ほかの子どもが合流してきても、余裕をもって受け入れることができたのだろう。

（彼は自分なりに、活動に加わるきっかけを求めている！）。私には、そう思えてならなかった。

ときにはケンカ、ときには睦まじく

重之が指導員に突っかかるとき、その対象は女性が多かった。根底に、（女性にかかわってほしい）という思いがあるのだろう。

だが和馬（特別支援学級中学2年）も、女性指導員とのおしゃべりを楽しみにしている。そのお姉さんが、重之に〝いじめられる〟のはガマンならない。

「こらっ、やめろ！」。和馬は、重之の体を、後ろから抱き止める。または、腕や足を空手のように動かして、重之を追い払う。

ときにはケンカにもなった。互いに「あー！」とうなり声をだしながら、ひとしきり取っ組み合った。

そんなふたりが、いつもと違う姿を見せたのは、春合宿のとき。

いくつかの小グループに分かれて、手作り体験をした。

重之と和馬は、七宝焼きのブローチを作るコーナーへ。重之は、小筆を操りながら、熱心に絵付けをする。

電気カマドから、重之のブローチが出てきた。鮮やかなピンクと黄色の模様だ。彼はそれを、満足そうに自分の胸につける。

すると、そのあと、和馬のブローチも出てきた。黄色地に、細い線で目と口が描かれた、凝ったデザインのものだ。

「すげーな！」。

重之が感嘆の声をあげる。和馬のそばに寄って、ブローチをのぞきこむ。和馬もすすんで、重之に見せている。

ときにはケンカ、ときには睦まじく…。ふたりのあいだに、対等にやりとりする関係が築かれつつあった。

仲間と〝飛行機〟になった！

重之が中学部2年生になった夏。あるボランティア団体から、「音楽遊びの会」に招待された。みんなで会場に出向く。知らない場所だけあって、重之は緊張している。部屋の隅に座りこんでしまった。

彼の近くには、和馬と博美（特別支援学校高等部2年）も立っていた。このふたりも、慣れない雰囲気に気おされているようだ。

リーダーが、名簿を見ながら、参加者の名前をひとりずつ呼んでいく。名前を呼ばれたら、「ハイ」と応えなければならない。

井原が、重之のそばに座って、自分の顔を両手で覆う。そして、彼の気持ちを代弁するかのように、「どうか見つかりませんように」とささやく。

彼は、それを聞いて思わず、「フフッ」と笑った。（そのとおり）と思ったのだろうか。

ピアノの伴奏が流れる。みんなは、円形になって行進していく。

リーダーが指示した。

「伴奏が止まったら、5人ずつ集まって、グループを作ってください!」。

だが重之・和馬・博美の3人は、相変わらず、眺めているだけ。

そこに、スタッフのひとりが、「やろうよ」と声をかけてきた。

(さて、どうするか)。私は、横で見守る。

重之は、固まったまま動かない。博美と数馬は、ドアを開けて、部屋の外へ逃げようとしている。井原が3人に代わって、「恥ずかしがりチームなので…」と返事した。スタッフは、それ以上は誘わず、立ち去っていった。

リーダーが再び告げた。

「伴奏が止まったら、5人ずつ集まって、〝飛行機〟を作ってください!」。

行進していた人たちは、5人ごとに並んだり、両手を広げたり、〝飛行機〟を作る工夫を始めた。

重之が、これを見て、ボソッと言った。

「やったほうがいいんじゃないか」。

(やってみたい)という気持ちが膨らんできたのだろう。

井原が、博美と数馬に、「重之が『やりたい』って言ってるけど」と伝える。だがふたりは、「やらない！」と、そっけない。

井原はとっさに、先ほどのスタッフを連れてきて、彼らの前に立たせた。そして、その人の肩に、和馬の手を引いて乗せ、縦に並んだ。〝飛行機〟の〝胴体〟のつもりだ。

そして、重之と博美に、「ふたりで〝翼〟になって！」と指示する。重之と博美は、井原の勢いに飲みこまれたのか、〝胴体〟の両側にそれぞれ立った。そして、片腕を伸ばして、〝翼〟の格好をした。

（すごい！　重之が仲間と一緒に〝飛行機〟になった！）。

リーダーが、「すばらしい〝飛行機〟ですね！」と、声をあげた。みんなからも拍手が起こった。彼の顔は晴れやかだ。

最後に、打楽器を演奏する。

井原が彼に、「やる？」と聞いた。彼は、さっきの〝飛行機〟で気分をよくしたのか、「ウン」と、うなずいた。

部屋の中央に進み出て、子どもたちと一緒に車座になる。伴奏に合わせて、タンバリンを叩きだす…。

（みんなと、リズムに合わせてもいる！）。

それにしても、井原の臨機応変な対応は見事だった。彼のたじろぎに寄り添う。だが、やりたい気持ちも見逃さない。いざとなったら、居合わせたスタッフや、ほかの子どもも誘いこんで、大胆に働きかける。

彼は、こうした大人の適切な支えさえあれば、自分の本当の願いを実現できるようにもなっていた。

学年集会の司会をやった！

年度末が近づいた。私たちは、いつものように放課後、学校に子どもたちを迎えにいった。

授業が終わって、重之も昇降口に出てきた。

担任の金子先生（男性）が、一緒に歩きながら、彼に話しかけている。

「きょうは司会をしてくれて、とてもうれしかったよ」。

この日、学年集会が体育館であったらしい。そのとき重之は、金子先生に助けられながらも、初めて司会をしたのだと言う。

（ええっ、大勢の前で司会？）。私は驚いた。思わず、「先生が『うれしかった』って言ってるよ」と言葉を添える。

だが、彼は無表情だ。淡々と靴を履き替えて、ゆうやけの車に乗りこんでいく…。

ところが、私が車を運転していると、後ろから、彼の声が聞こえてきた。隣の指導員に質問しているようだ。

「マグロの料理、知ってる？」。

「刺身、煮付け、ステーキ…」。回答も自ら、軽やかな口調で披露する。

自分の好きな料理についてのおしゃべりが延々と続いた。いつもは指導員に、「うるせー」「バカヤロー」などと、食ってかかっているはずなのに。

学年集会の司会をやり遂げて、金子先生に褒められた——。無表情に見えても、それは彼にとって、やはりうれしいことだったのだ。

あらたまった場面が苦手で、自分の気持ちを裏返して表していた彼が大きく変わった。まわりの大人が、彼の真の願いを汲み取って、必要な支えを入れることで。また、年下や対等の友だちと交わることにもよって——。

どんなに〝荒れる〟子どもでも、そんな〝栄養〟が含まれた日常の活動があれば、必ず変わっていく。私は、その意をいっそう強くした。

理沙の“生け花”を手伝う重之

【第3章】

ヒーローへの“変身”遊びが洋助を変えた！

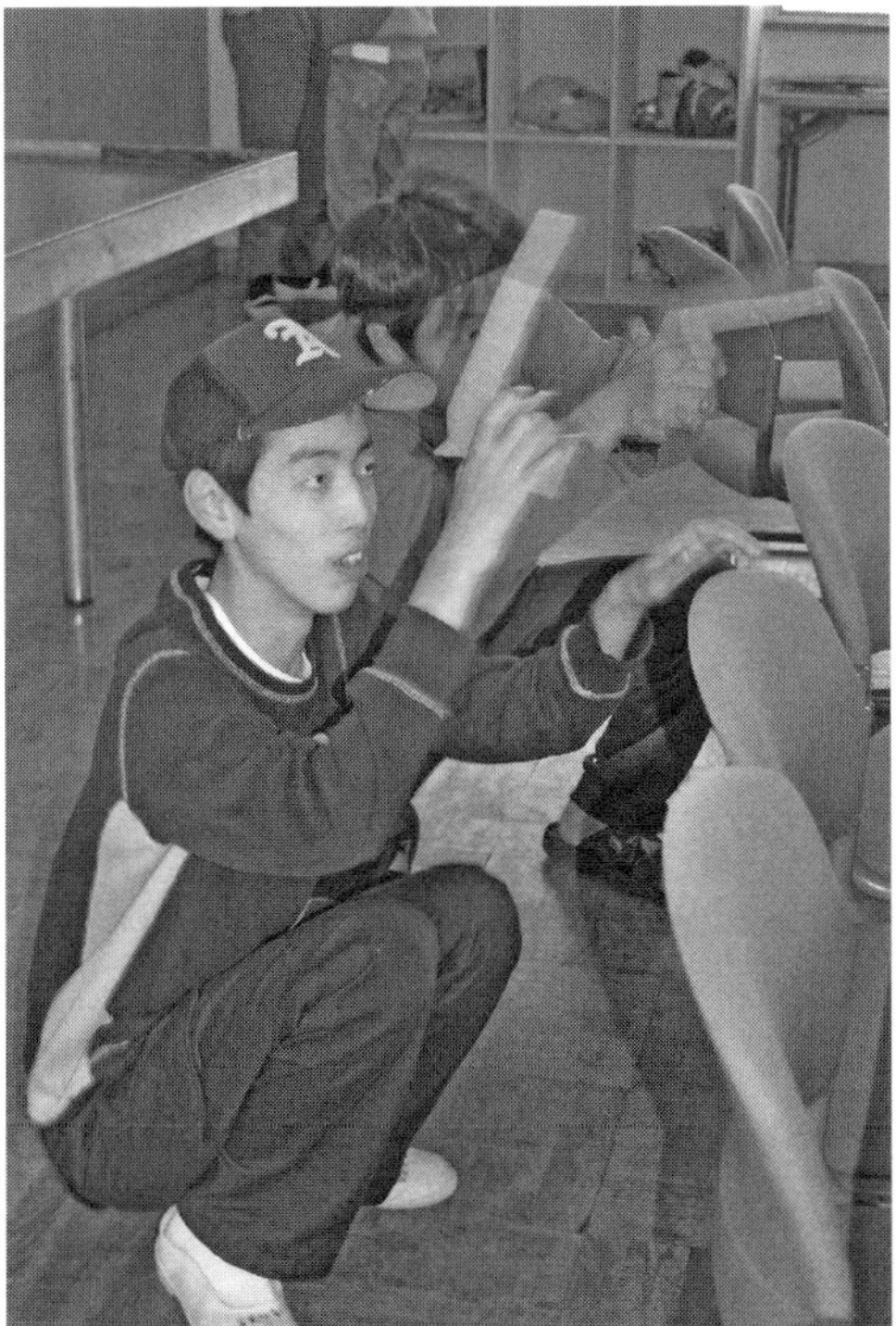

洋助（高1）は、〝好きな〟女性指導員の今野と、親しげに話をしている。だが、突然キレて、叩いたり、髪の毛を引っ張ったりする。その一方で、暴れたあとは、急に落ちこんでしまう――。

（洋助は、「他者のまなざし」に敏感すぎるのではないか）。私たちは、学習によって、そう判断した。そこで、遊びをとおして、（人と「適度な距離感」をもって、かかわれる力を）と願った。ただし、彼はいつも、おもちゃのピストルを、〝お守り〟のように持ち歩いていた。

だが、それを自分から手放す日が来るとは…。

1　他者との「適度な距離感」を身につける（高1）

〝好きな〟指導員相手なのにキレる

洋助（知的発達の遅れ）は、特別支援学校高等部に入って、急にキレるようになった。それも、彼の〝好きな〟指導員・今野（女性）に対して――。

彼は今野に、くっつくようにして、話しかける。

「ウルトラマン、カッコいい?」「仮面ライダー、変身する?」…。

テレビアニメの好きな彼らしい話題だ。今野は、「カッコいいね」「変身するよ」と、ていねいに答えている。

さらに彼は、今野に「『待てー』、やって」と、追いかけっこにも誘う。ところが、彼は突然、「うーん！」とうなり声をあげて、今野を叩きだす。髪の毛も引っ張ろうとする。

（ええっ、直前まで仲よく過ごしていたのに、どうして？）。私は、彼の豹変ぶりに戸惑う。だが、放ってはおけない。やむをえず、彼を今野から引き離す。すると今度は、私に噛みついてきた。

別の指導員が、「どうしたの？　暴れることはないよ」と、優しく声をかける。だが、よけい興奮して、その指導員にも向かっていく。

私は、彼の体を押さえ続けた。彼も私も汗まみれだ。それでも、彼は静まらない。

私はつい、大声で叱りつけた。

「いい加減にしなさい！」。

彼はようやく、気が抜けたように、床にしゃがみこむ。肩で息をしながら、涙目で私を見上げてくる。

私は、ハッとした。彼の顔が、（暴れてしまう自分を助けてほしい）と訴えているように見えたからだ。だが、私がとった行動は、（ともかく、この場をなんとかおさめよう）というものだった。

私は、「今野さんにゴメンナサイする？」と聞いてみる。彼は、「（ゴメンナサイ）する」と答える。

彼は、私と一緒に今野のところへ。自ら、「ゴメンナサイ」と言う。今野の頭をなでる仕草までする…。

暴れる彼は止めなければならない。だが、押さえたり、叱ったりの、その場しのぎのやり方でよいわけがなかった。

ストレス発散ではダメだ

(洋助に、気持ちをコントロールする力を育てたい。だが、どうすれば…)。

思えば彼は、中学部のとき、おやつ作りになると、決まって怒って、テーブルの食器を払い落としていた。(おやつがうまく作れない)という不安が強かったのだろう。

そして今、高等部では、障害の軽い生徒たちが入学してきた。そのことで、「自分のできなさ」をいっそう痛感しているのかもしれない。

それにしても彼はなぜ、親しい今野にキレるのか。優しくなだめられると、いっそうイラだつのか。

私たちが対応の方向を定めかねていたとき、ある男性指導員が、洋助がキレる相手を引き受けようとした。彼と今野のあいだに割りこんで、彼と取っ組み合った。(高等部に入ったことで、ストレスがあるはず。ストレスは発散させなければ)との思いからだった。

だが洋助は、その日、活動が終わっても、気持ちを高ぶらせたままだった。迎えにきた母親まで叩こうとした。

しかも、彼は翌日、「ぶっちゃったー」と騒ぎだした。ちょうど、前日のキレた時間くらいに。きのう暴れてしまった自分を思いだして、また暴れてしまうのだった。

（母親ばかりか、本人も苦しめている。ストレス発散ではダメだ！）。

他者のまなざしに耐えきれない

そのころ、私たち職員は、ある本の学習をしていた（白石正久『自閉症児の世界をひろげる発達的理解』、かもがわ出版）。そのなかに、次のような一節を見つけた。

二～三歳児は、「相手からいつも見られているような心理的に密着しすぎる状況では、否定的な評価を受けても、逆に肯定的な評価を受けても、感情の不安定さを増幅させ、悪循環に陥る」。

（これは洋助のこと！）。生活年齢の違いはあっても、事態をひらくヒントを得た思いがした。

私たちは繰り返し、話し合った。

彼は、大人との「密着した関係」がいったんできあがると、その人のまなざしに耐えきれなくなる。だから、厳しくされても、優しくされても、不安になってしまうのだろう。

表面的には、好きな大人とふたりで過ごそうとしても、本当は、そうした関係に〝はまりこむ〟

ようにしてほしいのではない。（自分の心を外に開いてほしい）と望んでいるのではないか――。

彼がキレる姿には、そんな矛盾した願いが込められている、と推論していった。

「ヒーロー変身遊び」を楽しむ

とはいえ、「心を開く」ことを、どう具体化するか。難しい課題だった。

「大人と一対一」の関係にしばられないように、「第三者」を位置づける。数人で、楽しみながら、気持ちのやりとりをする――。

（洋助と私と、そこにもうひとりを誘って、遊んでみよう）。

私はようやく、「チャンバラごっこ」を思いついた。ダンボールを細長く切って、ガムテープで補強した〝刀〟を3本作った。

だが、「もうひとり」は誰がよいか。ほとんどの子どもは、洋助がキレるので、彼とのかかわりを避けていた。

（そうだ。岳志がいる！）。

岳志は、洋助よりひとつ年上で、気も強い。私が、チャンバラをしかければ、きっとムキになって、〝反撃〟してくるはず。

（ひとまず、岳志との関係をつくって、そこに洋助をからませよう）。

私は、〝作戦〟を実行してみた。岳志に、「覚悟しろ！」と、〝刀で切りつけた〟。「何をする！」。岳志は、自分の首に巻いていたタオルを外す。それをムチのように振って、私を叩いてきた。

私が用意した〝刀〟は使ってくれない。だが、予想どおりの反応だ。「洋助、助けてくれー」。私は、洋助に助けを求めた。

洋助は、ポカンとしている。それでも、しばらくすると、〝刀〟を水平に構えて、岳志を「バン、バン…」と〝撃ち〟はじめた。

（おっ、〝ピストル〟に見立てたか）。

私も、〝刀〟を〝ピストル〟にして、岳志を「バン、バン…」と〝撃つ〟。

岳志は、タオルをいっそう激しく振り回す。私は、タオルに打たれながら、大げさに「痛いよー」と悲鳴をあげる。

すると洋助は、「（ボクは）オオカミだー」と言いはじめた。

（おおっ、今度はオオカミで来たか）。

私は洋助に、「岳志を噛んでやれ！」と、たきつける。洋助は、岳志に向かって、「ガオー！」とほえる。

そのうち洋助は、「魔女だよ。毒リンゴ、召しあがれ」と言いだす。

(ええっ、毒リンゴ?-)。私はとっさに、毒リンゴを岳志に差し出す格好をしてみる。

次に洋助は、「仮面ライダー、変身!」と叫んで、ポーズを決める。すかさず私も、「ライダーキックだ!」と応じる。洋助も、片足を岳志のほうに振り上げる…。

洋助はこの日、テレビアニメのヒーローに、次々と〝変身〟した。そして、さまざまな方法で、岳志を〝やっつけ〟ようとした。

期せずして、「ヒーロー変身遊び」を存分に楽しめたのだった。

もっと心を解き放ってほしい

私はそれ以後、毎日のように、〝ピストル〟を2本ずつ作った。そして洋助と、〝ピストル〟で誰かを〝撃つ〟遊びにあけくれた。

だが洋助は、岳志に体が触れるほど近づかない。岳志を〝やっつける〟には、まだ〝遠慮〟があった。

(自分をしっかり突き出せてこそ、折り合う力も身についてくる。もっと心を解き放ってほしい)。

私は洋助に、岳志を〝やっつける〟見本を見せることにした。岳志の後ろにしのび寄って、背中を〝ピストル〟で、ひと突きする。

岳志が振り返って、にらみつけてくる。私は、「しまった！」「気づかれた！」と、オーバーに悔しがる。

すると、洋助もしだいに、思うことを率直に口にしはじめた。「まったくもー！」「悪いヤツめー！」…。そのあと、私に「ねー」と言って、同意まで求めてくる。

しかも、岳志の体を〝ピストル〟でチョンと突いては、パッと逃げていくようにもなった。

私は、前もって岳志に、「岳志が相手をしてくれるおかげで、洋助の機嫌がよくなったよ」と話しておいた。世話好きの岳志は、タオルを振って、私たちをいい具合に追いはらってくれた。

こうした活動を続けるうち、洋助のキレは激減していった。あの、べったりくっついていた今野に目もくれない日もある。

洋助は、イメージを膨らませて遊ぶ「楽しい活動」をとおして、一対一の閉ざされた人間関係から抜けだした。そして、他者との「適度な距離感」を身につけていった。

2　柔軟に、「フォークダンス」「相撲」に参加（高２）

フォークダンス、〝周辺で〟参加

洋助は、高等部２年生になると、柔軟性をさらに発揮した。

フォークダンスが始まる。だが彼は、いつものように部屋の隅にいる。みんなと一緒の活動は苦手なのだ。

私はこのときも、(彼の心を「第三者」に開かせよう)と考える。

彼のかたわらに、さり気なく立つ。そして、そこから〝ピストル〟で、フォークダンスを踊っている子どもや指導員を〝ねらい撃つ〟。

それを見た彼も、踊りの輪に向かって、「バン、バン…」と〝撃ち〟だした。

すると、踊っている指導員の数人が心得て、〝撃たれた〟格好をしてくれる。指鉄砲で〝撃ち返す〟子どもいる。

そんな〝銃撃戦〟を交わした彼は、気持ちがはずんできたのだろう。音楽に合わせて、〝ピストル〟を指揮棒のように振りはじめる。踊りの輪のまわりを走ったり、大きくジャンプしたり…。

(みんなと一緒に踊っている!)。

彼は、踊りの中に加わっていなくても、間違いなく、フォークダンスに〝周辺で〟参加していた。

〝お守り〟を手放し、相撲をとる

洋助は、相撲にも、それまで参加したことがなかった。

私は、通りすがりに、彼に聞こえるように、「相撲でもやるか」と声をだす。相撲用のマットに先にあがって、シコを踏む。塩をまく格好もする。

すると彼は、それまでかぶっていた野球帽を脱ぎ捨てた。手に持っていた〝ピストル〟とハンカチも床に落とした。そして、ついにマットにあがってきた。

彼はいつも、「野球帽」「ピストル」「ハンカチ」を身につけている。不安な心を支える〝お守り〟のようにして。

彼は今、その〝お守り〟をすべて手放した。

（おっ、やる気になったな！）。

行司役の職員が、「はっけよーい、のこった！」と声をかける。

彼は、私を両手で押してくる。私はわざと、吹き飛ぶように、後ろに転げる。

「洋助の勝ちー」。行司が軍配を彼のほうに上げた。

彼は一瞬、ニヤリと笑う。そして、急いで野球帽をかぶって、〝ピストル〟とハンカチを拾う…。

彼はそれ以降、さまざまな指導員に「せんせ（先生）、やろう」と声をかけて、相撲に誘った。

いったん踏み出せば、セキを切るように、相撲にも加わっていった。

3　巣立ちの日、〝お守り〟を残していった（高3）

「起こす――起こされる」遊び

洋助は、高等部3年生になった。

ひとつ年上の岳志は、高等部を卒業して、ゆうやけも卒会していた。

洋助は当初、「岳志、来る?」と、私に何度も聞いてきた。岳志がいなくて、寂しいのだろう。

だが洋助は、相手をしてくれる岳志がいなくても、遊べるようになっていた。〝ピストル〟を誰に向けるわけでもなく、「手を上げろ!」「動くと撃つぞ!」と叫んでいる。「第三者」がはっきりしていなくても、イメージが先行して遊べるようになっていたのだ。

私も、〝ピストル〟をかまえて、みんなに「オレたちは銀行強盗だ!」と言いふらす。

すると、庄吉（特別支援学校小学部1年）が興味を示した。庄吉は、入会したばかりで、かつてのキレた洋助を知らない。指導員に〝ピストル〟を作ってもらって、私たちを「バキューン!」と〝撃って〟くる。

「うっ!」。私は、頭をガクッと垂れて、〝撃たれた〟フリをする。

（さて、洋助はどうする?）。私は、そのままの格好で、しばらく彼の反応を待つ。

すると彼は、「おい、起きろ！」と、私の肩を叩いてきた。（いつまで、死んだフリをしているんだ）とでも言いたいのだろう。

だが、そんな彼も、庄吉との関係では、私の真似を始めた。庄吉に〝撃たれた〟とき、頭をガクッとさせる。誰かが〝起こしてくれる〟のを待つ。

私は庄吉に、「洋助が寝てるよ」と教える。庄吉が、「おい！」と、洋助の体を揺さぶる。洋助は、ようやく〝目を覚ます〟…。

洋助と庄吉と私のあいだで、「起こす――起こされる」遊びがおもしろく続いた。

心を相手にいったんゆだねる

あるとき庄吉が、オニの面（紙に絵を描いたもの）をかぶって現れた。洋助は、「ウワー！」と騒ぐ。

洋助は、面が苦手。正体がわかっていても、ひどく怖がる。すぐに面をはぎ取ろうとしていた。だが、庄吉は小柄だ。かわいいオニの子のように見える。そのせいか洋助は、慌てながらも、面を奪い取るまではしない。

庄吉が、「食べちゃうぞー」と、両手をかざして迫ってくる。洋助は、半ば演技のように怖がって、笑いながら逃げまわる。

だが、しばらくすると、庄吉はオニをやめてしまった。

それでも洋助はひとり、「オニめー!」と、はしゃいでいる。〝ピストル〟を振りかざして、〝撃つ〟真似をする。庄吉のオニを想像して、〝やっつけている〟らしい。

年下の庄吉相手だと緊張を感じないのだろう。洋助は、〝起こされ〟たり、怖がらされたりして、働きかけられる楽しさも味わっていった。

「働きかけられる」とは、自分の心を相手にいったんゆだねること。彼はいっそう、他者に心を開く経験を積んでいった。

〝幼い遊び〟でも、たっぷりと

ある日、指導員のひとりがやめることになった。その人を中心に、みんなで並んで、記念写真を撮る。だが、洋助は近づいてこない。

彼は以前、集まることを強いられると、キレていた。でも最近は、キレたことがほとんどない。

(今の彼なら大丈夫だろう)。

指導員の今野が、「おいでよ」と呼ぶ。

彼は、誘われるまま、今野のそばに来る。だが突然、声を荒げて、今野につかみかかった。久々の大暴れとなった。

私はそれまで、(高3の彼が、「ピストルごっこ」のような〝幼い遊び〟を続けていてよいものか)と迷うこともあった。だが、考えを新たにした。

(急ぐことはない。彼に「他者のまなざしへの弱さ」が残っているならば、彼がその「弱さ」を自ら乗りこえるまで、いっけん幼く見える活動であっても、たっぷりつくりだそう)。

ピストルが〝お守り〟の役目を失う

高3の半年が過ぎたころ。洋助は、屋外を散歩中、私に「作って」と訴えてきた。

(何を作ってほしい?)。

見れば、彼の手に〝ピストル〟がない。いつも肌身離さず持っている〝ピストル〟を、どこかに落としたらしい。

(なんだ、〝ピストル〟が、なくしてしまうモノになっている!)。

相撲のときも、変化があった。

私がマットにあがると、洋助もすぐにあがってくる。ただし、野球帽はかぶったまま。〝ピストル〟とハンカチも持ったままだ。

(これまでは、こうした〝お守り〟をいったん体から離して、意を決するようにしていたのに…)。

彼は、〝ピストル〟とハンカチを握ったコブシで、私を押してきた。何かのついでのように、気軽に相撲をとっている。

私は直感した。（後生大事にしていた〝お守り〟が役目を失いつつある）と。

他者との関係を客観的にとらえる

あるとき洋助が、「新幹線の本」をめくって、写真を眺めていた。私は、「おっ、東北新幹線だ！」と言って、本をのぞきこむ。

すると彼は、その本を棚にしまってしまう。そして、別の場所で、今度は「昆虫の本」を広げる。（いつもの「ピストルごっこ」ではなくて、たまにはひとりで過ごしたいのかもしれない）。私は、そう見てとった。

別の日。彼は今野に、野球帽を脱いで、散髪したばかりの頭を見せている。

今野が、「きのう、床屋さん行ったの？　カッコいいよ」と返す。すると彼は、それだけで満足して、その場を立ち去る。

彼は、「大人と一対一」の関係に〝はまりこみ〟にくくなった。他者のまなざしに過敏に反応しないで、自分の気持ちを律するようになったのだろう。

庄吉とも、〝対等に〟遊ぶだけではなくなった。

庄吉は、母親が迎えにきているのに、いつまでも帰ろうとしない。すると洋助は、「靴、履きなさい！」と、庄吉をさとす。

また、庄吉が転んで尻もちをつくと、それを見て、「ハハ…」と陽気に笑う。私にも、「笑って！」と、〝同調〟まで求める。

庄吉を注意したり、小バカにしたり…、洋助の対応は、あたかもお兄さんのようだ。年齢の離れた庄吉だからこそ、その関係を客観的にとらえるようになったのだろう。

ピストルからも〝卒業〟

洋助が、高等部卒業にともなって、ゆうやけを卒会する日がきた。

母親は、涙ぐみながら、私に話す。

「洋助が一番たいへんな時期に、お世話になりました。本人は、卒会がわかっていないと思います。これからも、ゆうやけに行くつもりでしょう」。

卒会する子どもたち数人と、ささやかな「お別れ会」を開いた。

だが洋助は、自分が当事者だとは思っていない。いつものように、帰宅しようとして、リュックを背負い、迎えを玄関で待っている。記念品が入った包みを渡されても、それが何かを気にするわけでもない。

迎えの車が来た。彼は、私たちにサヨナラも言わずに、乗りこんでいく。

私と今野は、玄関を出て、走り去る車を見送った。今野が、「なんだか、あっけないお別れね」と苦笑する。私も同感だった。

そのあと私は、屋内に戻ろうと、玄関の土間を振り返った。

下駄箱の前のスノコに、〝ピストル〟がポツンと置いてあった。

彼が、きょう使っていた〝ピストル〟だ。自宅に持ち帰るつもりが、記念品を手にしたため、忘れたらしい。

（ああ、ピストルからも〝卒業〟したんだ！）。

私は、彼が本当にゆうやけを卒会したことを実感して、目頭が熱くなった。

洋助は大人になった！

洋助が卒会して2か月たった。

ある休日、市主催の「障害者運動会」が市営グランドで開かれた。関係者500人ほどが集まった。

入場門の近くに洋助がいた。彼が通っている障害者作業所の職員と一緒だった。

彼は、野球帽はかぶっているものの、〝ピストル〟のような〝お守り〟は持っていない。タオルを首にかけているだけだった。

「パン食い競争」が始まった。

彼は、みんなと一緒に走りだす。ごく普通にパンを取って、ゴールイン。大観衆のなかでも、まったくキレない。

彼がこちらに歩いてきた。私と視線が合った。

彼は、数メートル離れたところから、指鉄砲で私を「バン！」と〝撃って〟くる。あいさつ代わりだ。私も、頭をガクッとさせて、〝撃たれる〟。

だが、遊ぶのはそれまで。私の様子を見届けた彼は、何事もなかったように、そばを通り過ぎていった。

（おおっ、すごい。なんと大人になったことか！）。

私は、彼の高等部3年間を振り返って思う。

彼の本当の願いは、外に現れる行動の下に隠れていた。

私たちは、それを探りあてようと、議論や学習を重ねた。ひとまずの実践もすすめた。その過程でつくり・見つけだした小さな変化を意味づけて、次の手だてにつなげていった。

子どもは、こうした、まどろっこしくも見える営みの中で、「人間にふさわしい力」を身につけていく。そして、やがては、「巣立ち」の日を迎えるのだ、と。

“お守り”を手放し、相撲をとる洋助

【第 4 章】

自分の学校を “選び直した” 由香里

由香里（小3、自閉症）は、ひとのおやつであっても、取ってしまう。また、公園でブランコに乗っていても、時間になると、「帰るよ」とのひと声で、サッと切りあげる…。

「食べ物に直進する」「スケジュールどおりに行動する」――。いっけん、別々の行動。だが、そこに共通するのは、「行動に〝間〟がない」ということではないか。

私たちは、由香里の中に、「心が揺れる〝間〟」を保障しようと心がける。だが由香里は、自らの思いが育ちつつあることの現れか、学校に行けなくなった。

由香里は、登校を焦る大人の思惑に激しく抵抗しながらも、自分で納得することで、再登校への道を一歩一歩たどっていく。

〈私たちは、いつも職員集団で、子ども理解の話を重ねてきた。ここでは前編で、ゆうやけの職員・井原あどかの記録を掲載し、その後を村岡が引き継ぐ形で記す〉

前編　「公園」と「おやつ」のあいだで〝揺れる〟

井原あどか

1　相手に応じ、〝作戦〟を立てる

〝直線〟的な行動の一方で、予定に縛られる

由香里（特別支援学校小学部3年。自閉症）は、食べ物を見ると〝突進〟した。自分のおやつを食べていても、ほかの人が食べているおやつも気になる。「これは○○ちゃんのだからダメ」と言われても、パッと手を出して取ってしまう。

指導員が由香里の体を押さえて止めようとすると、その人の手を引っかいたり、噛もうとしたり…。大暴れだ。

私たちは当初、食べ物に〝突進〟する由香里を追いかけて、止める対応に終始していた。しかし、由香里は「ダメ」と止められても、いっそう食べ物に向かっていった。

一方で、由香里には妙に切り替えのいいところもあった。（おやつがほしい）と騒いでいても、フォークダンスが始まると、パッと輪に加わる。

また、公園に出かけたとき。お気に入りのブランコに乗って、どんなに楽しそうにしていても、「帰るよ」のひと声で、サッと降りて、帰路についてしまう。「あいさつ」「公園」「おやつ」「フォークダンス」などと、その日の予定をつぶやいていることも多い。

由香里は、行動が〝直線〟的だ。その一方で、予定に縛られがち。自分の思いを抑えるようにして、切り替えているのかもしれなかった。

気持ちを受け止めてもらい、少しガマン

（まずは、由香里の食べたい気持ちを受け止めよう）。

ある日の昼食時。私は、由香里と並んで弁当を食べていた。由香里は、自分の弁当を食べる前から、私のもほしがって、箸を突っ込もうとする。

私は、「由香里ちゃん、カラアゲほしいの？」と聞いてみた。すると由香里は、「チキン、チキン…」と答える。私は、「半分こね」と言いながら、カラアゲを半分に切って、由香里の弁当箱に入れる。

由香里は、すぐにそれを食べて、さらに「キャベツ」と言う。私は、「キャベツもほしいの？ちょっとどうぞ」と言って、由香里の弁当箱にキャベツを少し入れる。すると由香里は、今度は「ごはん」と訴える…。

そこで私は、ちょっと切り返してみたくなった。「ごはんもほしいの？ でも、由香里ちゃんのサケが乗ったごはんもおいしそうだな。それ食べたいな」と言ってみたのだ。

由香里は一瞬、私を見つめてから、自分の弁当に目をやる。そして、また私を見て、「由香里ちゃん、由香里ちゃん…」と言いだす。（これは自分のだ）と主張しているようだ。

それでも私は、「そう、由香里ちゃんのね。でも、おいしそうだな」と粘る。すると、由香里は箸でごはんを取って、自分の口の前へ持っていく。しかし、なんと、それを食べずに、私の口の前

に差し出してくれたのだ。

（由香里が分けてくれた！）。私は驚いた。

私が実際にあげたのは、「カラアゲ半分」だったり、「キャベツちょっと」だったり…。決して「モノをたくさん」譲ったわけではない。それでも、（自分の気持ちが受け止められた）という実感がもてたことで、由香里もまた、少しガマンして分けてくれたのだった。

容器を差し出し、ヨーグルトを分けてもらう

きょうのおやつはヨーグルト。由香里は、自分の分を食べ終わると、容器を片づけにいった。そこに、男性職員の村岡が現れた。村岡は、ヨーグルトを背中に隠し持っている。それに気づいた由香里は、村岡の後ろ側をのぞきにいく。

私は、（ああ、また取りにいくんだな）と思った。しかし、意外にも由香里は、すぐに手を出さず、先ほど片づけた空き容器（自分が食べたもの）とスプーンを取りにいく。そして、村岡の向かいに座ると、「ヨーグルト」と言って、容器を差し出したのだ。

（食べ物と見ると、すぐ手を出してしまうのに…）。私ははじめ、不思議に思った。

けれども、考えてみると、思いあたった。村岡は、いつもは由香里におやつを分けてくれる。しかし、きょうはヨーグルトを隠し持っていて、すぐにはくれそうにない。由香里は、こうした村岡

の〝もったいぶった〟様子を見て、自分なりに考え、容器を差し出して分けてもらうという〝作戦〟を思いついたのだ。

だが、そこに敏郎（小学部4年）もやってきた。そして、由香里と同じように、空き容器を差し出して、（ほしい）と訴えはじめる。

村岡は、ヨーグルトをスプーンですくって、「こっち（由香里）にしようかな。こっち（敏郎）にしようかな」と、ふたりの容器のあいだで、じらしながらスプーンを動かす。しかし、由香里はその〝間〟が待てず、村岡のスプーンに自分のスプーンを突っ込んで、食べてしまった。

私は、（由香里がせっかく考えた〝作戦〟を、ここで終わらせたくない）と思った。

由香里に「一緒にお願いしよう」と言いつつ、私も村岡に「くださいよー」と、手を差し出してみた。すると由香里も、「ください、ください…」と言いながら、容器を差し出した。すると、ようやく村岡が、ヨーグルトを由香里の容器に入れてくれる…。

そんなやりとりを何度か繰り返したあと、村岡が最後のひと口を自分の口に運ぶ。いつもの由香里なら、（それもほしい）と訴えるはず。でも、この日は、そんな村岡を笑いながら見ていた。（最後のひと口くらいは村岡に食べさせてやろう）と思ったのだろうか。

相手に応じて、自分なりに考え、〝作戦〟をたてる。そして、大人に支えられつつも、自分の気持ちを相手にぶつけきる。そんなやりとりのなかで、相手とのあいだで折り合いをつける――。

〝直線〟的に行動しがちな由香里にとって、そんな経験が今とても大事なのだと、私は気づかされた。

2 「公園」と「ホットケーキ」のあいだで〝揺れた〟！

「つもり」を膨らませて遊ぶ

由香里はしばしば、「ごっこ遊び」のようなことをすることがあった。

赤ちゃん人形の足に、「お靴」と言って、バドミントンのシャトルを〝はかせ〟たり、人形の服を脱がせて、「お風呂」と言いながら、箱に入れたり…。

砂場に行ったときは、砂遊び用の弁当箱を見つけて、「お弁当」とつぶやいている。そこで私が、「おにぎり、入れようかな」と言って、三角に握った砂を弁当箱に詰める。

すると由香里は、「ごはん」と言って、枯葉を入れはじめた。私が「いただきます。ムシャムシャ」と言って食べるフリをすれば、その真似までしだす。そして、弁当箱をひっくり返して空にし、枯葉をまた入れて、私に差し出してくれたりもした。

〝間〟のない行動をとりがちな由香里も、大人の援助さえあれば、自分なりに「つもり」を膨らませて遊ぶことができた。

自分なりに考え、悩む

別の日には、みんなで公園に出かけた。公園から帰ったら、ホットケーキ作りをする予定になっていた。

由香里は、公園に向かいながら、ときどき「ホットケーキ」とつぶやいて、ニヤニヤしている。ホットケーキ作りを楽しみにしているようだ。

由香里は、公園に着くと、ブランコに乗ったり、私と砂場で〝お弁当〟や〝ごはん〟を作ったりして、よく遊んだ。引率の職員が「そろそろ帰るよ」と全体に声をかけたときも、由香里はプラスチック製の皿に枯葉と水を入れて、〝カレー〟を作っている最中だった。

私は、由香里にあえて、「もう帰る時間だって。もう少し遊ぶ？ それとも、帰ってホットケーキ作る？」とたずねてみた。（由香里は、自分の気持ちを抑えてでも、スケジュールに従って、切り替えてしまいがち）と見ていたからだ。すると由香里は、「ホットケーキ」と答え、ゆうやけに向かって歩きだした。

しかし、由香里は途中で突然、座りこんで動かなくなった。私が「どうしたの？ 帰ってホットケーキ作ろうよ」と声をかけても、由香里は座ったままで、枯葉を触っている。さらには、砂場道具が入ったバスケットの中に枯葉を詰め込みはじめた。

（もしかしてこれは、さっき砂場で遊んでいた〝お弁当〟の再現ではないのか?）。

私は、「まだ公園で遊びたかったの？　公園に戻ってもいいよ」と聞いてみた。すると由香里は、私を見上げて、「公園」と言う。そして、立ち上がると、公園に戻りだしたのだ。

しかし、少し歩くと、また「ホットケーキ」と言って、向きを変えた。そして結局は、ゆうやけに帰ってホットケーキ作りをするほうを選んだのだった。

（由香里が「公園」と「ホットケーキ」のあいだで〝揺れた〟！）。

私は、そんな由香里を見て、とてもうれしかった。予定に縛られるのではなく、自分がこれからどうしたいのか、自分なりに考えて悩んでいる姿が見えたからだ。

3　折り合いをつける過程こそ大切

おやつ作りをひたすら待つ

だが、由香里にとって、〝予定外〟のことを受け入れるのは、なかなか難しかった。

春休み中の活動でのこと。由香里は、昼食を食べたばかりだというのに、「おやつ」「テーブル」と言いだした。（おやつ作りをするためにテーブルを並べよう）ということだ。

たしかに、この日は、「午前中はレクリエーションをして、午後はおやつ作り」という予定になっていた。由香里としては、（昼食が終わったのだから、早くおやつ作りを始めよう）ということらしい。しかし、おやつ作りを始めるには早すぎる…。

私は、「まだ、お昼ごはんを食べたばかりだからね。おやつの前にカルタやろうか」と言ってみた。カルタは、由香里が好きな活動のひとつだ。しかし由香里は、「カルタ、もういいの」と答える。私が「じゃあ、ボウリングやろうか」と言っても、「もういいの」。私が用具室からカルタを出してくると、私を用具室に押し戻そうとする。

自分の思いと違うことをただ押しつけられても、納得がいかないのだろう。結局、この日は、私がおやつ作りの準備をするのをひたすら待っていた。

〝予定外〟のボウリングに参加

翌日の昼食後。由香里はまた、「おやつ」「テーブル」と言いだす。私は、「そうね。おやつ、早く食べたいね」と答えながら、由香里につき合って、テーブルを出してみた。

テーブルを並べると、由香里はまた、「おやつ」と言う。私は、「テーブル並べたから、おやつ出てくるかな。ここに座って待ってようか」と返す。すると由香里は、私の隣に来て座った。

ところが、まもなく、職員の村岡が、「ボウリング、やろうかな」と言いながら、長い木の棒を2本持って現れた。由香里はそれを見るなり、私に確認するように、「おやつ」と言う。私は、「あれ？　テーブル並べたのに、おやつじゃないものが出てきたね。『村岡さん、違いますよ』って言いにいこうか」と答える。だが、由香里は座ったままだ。

そのうち、村岡が木の棒を床に貼り付けて、ボウリングのレーンを作りはじめた。ただし、由香里が準備したテーブルはそのまま残して。由香里の思いをこわしてしまわないための配慮だった。（由香里は、棒をはがして、片づけようとするだろうか）。私は、由香里の〝出方〟を待つ。

だが、由香里は黙って、村岡がレーンを作る様子をジッと見ている。

レーンができあがって、ほかの子どもたちがボウリングを始めた。それでも、由香里はレーンを片づけようとはしない。

そのうち、ある子どもから、「次は由香里ちゃん」と、ボールを渡された。すると由香里は、なんと、自ら立ち上がってボールを投げ、〝予定外〟のボウリングに参加したのだ。

心が揺れ動く〝間〟を確保する

別の日の昼食後。由香里は、またもや、「おやつ」「テーブル」と言ってきた。だが私が、「早くおやつになってほしいね」と返すと、それ以上は言わずに、ホールをウロウロしている。

偶然、近くに毛布があったので私は、さりげなくシーツブランコを始めてみた。（はじめに大人が「シーツブランコやるよ」と言ってしまうと、由香里は「もういいの」と毛布を片づけてしまうかもしれない）と思ったからだ。

シーツブランコが始まると、たくさんの子どもが集まってきて、毛布に寝転がりはじめた。その様子を眺めていた由香里も、しばらくすると、自ら近寄ってきた。

私が「由香里ちゃんもどうぞ」と言うと、由香里は毛布に寝転がった。指導員が毛布を揺らしたり、くすぐったりすると、笑い声をあげはじめる。そして、何度も毛布に寝転がっては揺らしてもらおうとした。

ほかの子どもが毛布に乗っているときは、指導員と一緒に毛布の端を持って、揺らす役までしたのだ。

由香里は、自分が思いこんだ予定どおりに物事が進まないと、気がすまない。だが、実際は、思いどおりにならない〝現実〟にしばしば直面する。そんなときでも、（自分の気持ちは伝わっている）という実感がもてるならば、その〝現実〟を受け止める余裕が生まれる。

そして、（参加しようかどうか）と心が揺れ動く、ちょっとした〝間〟が確保されるとき、自分の気持ちと〝現実〟のあいだに、自ら折り合いをつけることができるのだった。

表面的に切り替えられたかどうかではない。自分なりに考えて折り合いをつけていく過程こそが大切なのだ――。

そのことを由香里が私たちに教えてくれている。

後編　一歩を踏み出す、前向きな葛藤を支える

村岡真治

1 「自分から」学校に行きだす日を待つ

頑張ったから、心が疲れた

スケジュールに従いがちだった由香里が、「公園」と「おやつ」のあいだで〝揺れる〟ほど育ってきた。だが、由香里の成長は、一路順調にはすすまなかった。

彼女が小学部4年生になった5月。学校の運動会が終わったあとの登校日の朝、彼女の母親から、ゆうやけに電話があった。

「由香里を、スクールバスのバス停まで歩かせようとしたら、地面に寝転がって、大声で泣き続けている。私が煮つまってしまって…」。

涙ながらの声だ。とりあえず、彼女をゆうやけまで連れてきてもらった。

そして彼女は、この日以来、学校に行かなくなった。

（いったい、どうしたのか）。私たちは、考えをめぐらした。

彼女が1年生から3年生まで担任だった先生が、4年生になって異動した。3年生までは午前だ

けの参加だった運動会が、４年生からは午後までの参加になった。しかもその日は、ゆうやけの活動に参加できず、気分転換がはかれなかった…。

（ともかく頑張ってきた彼女の心が疲れてしまったのかもしれない）。

母親は、「このまま不登校になったらどうしよう」と心配する。私たちにしても、学校に通えない子どもは初めてのこと。どう対応してよいか、見当がつかなかった。

トイレを〝口実〟に校舎に入る

由香里が学校に行かなくなって、１か月近くたった。ただし、ゆうやけには、母親に連れられて、やってきていた。

あるとき私は、車を駐車場から出して、ゆうやけの玄関前に停めた。子どもを学校に迎えにいく指導員たちを乗せるためだ。

すると、すでにゆうやけに来ていた彼女が、玄関と駐車場のあいだを行ったり来たりしている。

そして、ついには、車に乗りこんできた。

（えっ、学校に行くつもり？）。

彼女は最近、「体育館、体育館…」と繰り返していた。５月の運動会は、雨天のため体育館で行われた。その体育館が気にかかるのかもしれない。

私は、彼女を乗せたまま、車を発進させた。

学校そばの駐車場に着いた。彼女は今度は、駐車場と校舎のあいだを行ったり来たりしている。

そのうち彼女は、女性職員の井原に言った。

「おしっこ」。

井原が、「トイレ、貸してもらう?」と聞く。彼女は、足早に校舎に向かう。玄関をくぐると、近くのトイレに飛び込む。

便器には座った。だが、用をたすことなく、トイレを出る。井原が「体育館、見ていく?」と声をかけても、校舎から一直線に走り出て、駐車場に戻ってきた。

彼女は、トイレを〝口実〟にして、いったんは校舎に入ろうとした。やはり、学校が気にかかるのだ。

(彼女は、学校に行こうとして、もがいている)。私なりに、そう判断した。

私たちの思惑を感じとる

私は、母親に提案した。「由香里は、『トイレ』に代わる、何か具体的な支えがあれば、学校に行けるかもしれない」と。

彼女の担任の先生も、母親と協力して、さまざまな努力をはらわれた。早朝、彼女の自宅に立ち寄る。彼女が好きな、「帰りの会」と書かれたカードを渡して、立ち去る。「もし彼女が、ゆうやけの車で学校に来たら、これを教室のボードに貼らせにきてほしい」と。カード貼りをきっかけにして、学校に少しずつ通えるようにならないか、という試みだった。

だが、彼女はしだいに、ゆうやけから学校に出向く車に乗らなくなった。学校に行かせようとする、私たちの思惑を感じとるようにして。

（行かされたくない）必死の〝抗議〟

そんなある日。由香里と母親が、見知らぬ車に乗って、ゆうやけの玄関前に到着した。

由香里は、泣きながら、車から降りてくる。母親は、運転していた年配の男性と、同乗していた若い男性に、「申し訳ございませんでした」と、頭を何度も下げている。

由香里はこの間、自宅から母親と20分くらい歩いて、ゆうやけに来ていた。自家用車だと、（学校に連れていかれる）と警戒して乗らないからだった。

（それなのに、何が起きたのだ！）。

私は、母親に話を聞いた。

由香里はきょう、ゆうやけへと歩く途中、わざと車道に飛び出した。母親が止めると、爪をたてたり、引っかいたり…。母親の手を振りほどこうとする。

母親は、近くにいた若い男性に助けを求めた。そして、たまたま通りがかった車に乗せてもらい、やっとの思いで、ゆうやけにたどり着いたのだ。

（しまった！　とんでもないことをしていた！）。

私は、自分がしでかした誤りに、ようやく気づいた。

彼女が飛び出したのは、（学校に行かされたくない）という、彼女なりの、必死の〝抗議〟だったのではないか。

彼女は学校を気にはしている。だが、強いられて行きたいのでない。にもかかわらず私は、学校に行くことを、彼女に押しつけていた。そして、母親までも、つらい目にあわせてしまった。

彼女がかつて、「公園」と「ホットケーキ」のあいだで〝揺れた〟のは、短い〝振り幅〟だった。だが今回は、もっと長い〝振り幅〟で、彼女が「自分から」学校に行きだす日を待つべきではなかったか…。

この出来事のあと井原は、彼女がゆうやけで、どのように育ってきたかを文章にまとめた。（彼女は、〝揺れる〟ことができるほど成長してきた）という思いをこめて。

そして、これを母親に手渡した。母親と、その体調を案じて、休日には由香里と散歩に出かけている父親への、ささやかなエールとして。

これに対して母親から、「ゆうやけは、由香里にとって心のオアシスです」と、感想が届けられた。温かい言葉が身にしみた。励ますつもりの私たちが、逆に励まされていた。

私たちは、決意を新たにした。

（〝揺れ〟ながら、自分で決める活動をいっそう大事にしよう）。

2　「心を立て直す力」が育つ

片づけたい衝動をおさめる

彼女は毎日、ほかの子どもたちよりも早くゆうやけに来ている。職員が活動の準備をする様子を見ることになる。

井原が、大きなヤカンで、お茶を沸かした。そのヤカンを、冷やすために、風通しのよい場所に置いた。

彼女は、それが気にいらない。

「しまって、しまって…」。井原に、片づけるように言う。本来あるべき場所にヤカンが置かれていないからだろう。

彼女はこれまで、不要と思うものは、どかしたり、ひっくり返したりしていた。だが井原は、

「熱いから、冷ましてるんだよ」と言って、彼女の〝出方〟をさぐる。彼女がヤカンに手を伸ばしかけたときは、「熱いよー」と声をかける。彼女は、さっと手を引っ込める…。

そうこうするうちに彼女は、片手をヤカンの上からゆっくり近づけた。静かにフタを取る。立ちのぼる湯気に手のひらをかざす。熱いことを確かめると、フタを戻す…。そして、それ以上は気にしないでいた。

（片づけたい衝動を、自らおさめた！）。

彼女が、モノとのあいだで、見事に折り合いをつけた瞬間だった。

井原は、このうれしさを、母親に伝えた。母親も、「めったにないことですね」と声をはずませる。母親と職員が久しぶりに、明るい会話を交わすことができた。

意図を汲み取り、行動を変える

ゆうやけでは、20人ほどの子どもたちが、いっせいにおやつを作る。

焼きソバを作るときであれば、カセットコンロとフライパンを7組用意する。ひと組を3人くらいが交代で使っていく。

だが由香里は、ジッとしているのが苦手。部屋の中をウロウロして、調理器具を使う順番が待てない。ときには、ほかの子どもに割り込まれて、いつまでも作れないでいる。

そのうち、調理前のハムやキャベツをつかんで、食べようとする。それを止められると、ボウルをひっくり返して騒ぐ…。いつも、こんな状態だった。

そこで私たちは、７組の器具のうち、ひと組を彼女用にして、最初から使えるようにした。自分のペースで、焼きソバ作りに取りかかれるように、と。

彼女は、器具を渡されると、調理台に運ぶ。刻まれたハムとキャベツを、ひとつかみずつフライパンへ。麺を袋から取り出し、スープも小袋を破って、次々に入れようとする。

そのとき、井原が声をかけた。「スープは、麺が軟らかくなってから入れよう。先に、お皿を取りにいこう」と。

すると彼女は、スープを入れるのをいったんやめた。自ら、トレイを取りにいく。その上に皿２枚とフォーク２本を置く。（自分と井原のふたり分を用意しよう）と思ったらしい。それから、フライパンに戻ってきて、先ほどやりかけていた、スープを入れる続きをしたのだ。

（井原の意図を汲み取って、自分の行動を変えた！）。

体育館に足を踏み入れた！

由香里が学校に行けないまま、夏休みに入った。

彼女は、ゆうやけの夏期活動には参加していた。だが、８月後半には、彼女の学校の体育館を借りて活動する日が、連続して5日間ある。

（そのとき、彼女は体育館にやってくるだろうか）。

私たちは事前に打ち合わせた。「無理なら、ゆうやけの施設で、彼女と指導員のふたりだけで過ごしてもよい」と。

体育館での活動の初日。彼女は、母親に「体育館で、ゆうやけがある」と聞かされても、やってきた。だが、体育館の前を行き来するばかり。

それでも、井原に誘われるうち、ようやく中へ…。学校に行かなくなって以来、初めて体育館に足を踏み入れた。

こうして彼女は、1日め・2日めは、体育館で活動した。とはいっても、目をしばたいたり、こすったり…。好きなフォークダンスを踊るときも表情が硬い。学校という場にいるだけで、ひどく緊張していた。

3日め。体育館へ来るのを嫌がった。母親に、彼女をゆうやけの施設に連れてきてもらった。

それでも、4日めは体育館に来た。だが、5日めはまた、ゆうやけだった。

私たちは、彼女が体育館に、「3日めは来なくても、翌日には来た」ことに注目した。

疲れたら休む。だが、（やっぱり行こう）と思い直す――。彼女の中に、「心を立て直す力」が育ちつつあるのではないか、と思ったからだ。

3　ジグザグを繰り返し、登校再開

朝をヘルパーに託す

9月。夏休みが明けて、2学期が始まった。由香里は依然、学校に行こうとしなかった。だが、母親によると、彼女は自宅で、学校のファイルをめくって眺めているらしい。ときには、給食のメニューをつぶやくこともあるという。

母親は思った。（学校に行きたくなったのではないか。だが、あと一歩が踏み出せないでいる）。

1学期の朝は、学校に行かせようとする母親と、それに応じない彼女がぶつかり合って、〝格闘〟になった。それを繰り返してはならない。

母親は〝策を練った〟。ある事業所にヘルパーを頼んだ。

ヘルパーに朝、マンション8階の自宅に来てもらう。母親は、彼女とヘルパーを残して、先に自宅を出る。そして、1階・駐車場の自家用車の中で待機する。

ヘルパーには、彼女が自宅の玄関を出て1階に降りるまで、「学校に行こう」と辛抱づよく誘ってもらう。もしも、彼女が自家用車に乗ることに抵抗しないならば、ヘルパーに同乗してもらって、そのまま学校へ向かうことにする。

（朝をヘルパーに託すことで彼女が、学校に行こうかどうかと、葛藤しやすくしよう）。母親は、そう考えた。

学校に〝挑む〟激しいジグザグ

ヘルパーを頼んだ当日。由香里は、靴下や靴を履くことをためらった。カバンもなかなか背負わない。それでも、ようやく身じたくをして、自宅の玄関を出た。

すると今度は、エレベーターに乗るのを渋った。結局、1階に降りてくるまで2時間もかかった。

だが彼女は、自家用車にヘルパーと一緒に乗り込んできた。そして、3日間続けて、学校に行った。

学校では、自分の教室には入らず、相談室で過ごした。昼過ぎには、「ママ、お迎え…」と泣きだした。母親が早めに迎えにいって、ゆうやけに連れてきた。

目のまわりを、カサカサになるほどこする。頻尿になる…。彼女の気持ちは張りつめていた。

その週の後半は、さすがに学校に行けなかった。土・日曜日を含めた4日間、学校を休んだ。

ところが、翌週の月曜日。彼女は、すすんで靴下と靴を履いて、カバンを背負った。自らの意志で学校へ〝挑もう〟とした。

ただし、1か月間は、激しいジグザグを繰り返した。

・朝、頭をかかえて泣く。
・自宅を出たあと、ゆうやけの方向へ歩いていって、その途中で暴れだす。
・校外学習の日は、母親が作っておいた弁当をひっくり返して〝反抗〟し、出かけようとしない。

こうしたなか彼女は、９月末になると毎日、スクールバスに乗って、学校に通いだした。教室で授業を受けるようにもなった。

ついに、登校を再開したのだった。

「迷う力」は「考える力」

由香里の再登校に、私はホッとした。

（だが彼女は、どうして学校に行こうと思ったのだろうか）。

女性職員の桜井が、「２学期に入ったころ、ゆうやけで、こんなことがあった」と教えてくれた。

彼女は、みんなと公園へ出かけていった。だが、その途中にあるコンビニの前で、座りこんで動かなくなった。公園でのブランコや「弁当ごっこ」を楽しみにしているはずなのに、こんなことは初めてだった。

桜井は、彼女のそばに座って、様子をうかがう。彼女の顔は穏やかだ。彼女は、１時間近くしてから、ようやく立ち上がった。結局、公園には行かないで、ゆうやけへ戻っていった。

桜井が、あとで母親にたずねると、彼女が座りこんでいたコンビニとは、「学校に行けなかったころ、ゆうやけへ歩いていく途中、ゆうやけに本当に行くかどうか、ちょっと迷う場所だった」らしい。

彼女は、「迷う場所」になっていたコンビニで考えていたのだろう。(いつもは公園に行くけれど、きょうはどうしよう)と。行動に〝間〟をとりにくかった彼女が、「迷う時間」をもてるまでになったのだ。

私は、桜井の話を聞いて、うれしかった。

彼女は、「迷う力」を身につけてきた。迷うからこそ、次の行動を主体的に選べる。「迷う力」は「考える力」でもあった。

4　自らの思いを育てる

思いどおりにならないとき、泣ける

由香里が学校に通いはじめると、今度は、別の問題が起こった。

私たちが学校に子どもたちを迎えにいったとき、彼女は校舎から出てこない。1階の教室に入っ

たり、２階の廊下を歩いたり…。学校に行くのをあんなに嫌がっていたのに、今度は立ち去ろうとしない。

だが井原は、粘り強くつき合った。（彼女は、行動を切り替える〝間〟が必要になった）と見きわめて。

とはいえ彼女は、ゆうやけの車に乗り込むまで30分以上かかった。ほかの子どもたちを長時間待たせるわけにはいかない。しかも、他学年の教室に入り込んで、（いらない）と思うカードを破ろうともしていた。

担任の先生と井原が相談した。先生に彼女を、ゆうやけの車に乗り込む直前に連れてきてもらうことにした。彼女は、車を待っているあいだに、校内をうろついてしまうからだ。

すると彼女は、すぐに車に乗ってくることができた。だが、そばに座った井原の膝に顔をうずめて、ひとしきりベソをかいていた。（気持ちを切り替える暇もなく、車に乗せられてしまった）という思いがこみあげるのだろう。それでも、そのあとケロリとして、機嫌をもち直している。

彼女は、思いどおりにならないとき、泣けるようになった。（悲しい）という感情を表にだせる。そのことで、自分の気持ちを和らげているのかもしれなかった。

ぐずったり、甘えたりする

母親も、由香里の家庭での変化を伝えてくれた。

「以前は、とても早起きだった。あっという間に朝食をとって、学校へ出かけるまでの時間をもてあました。

でも今は、起こしても、フトンから出ようとしない。朝食をとるのもゆっくり。『食べさせて、食べさせて…』と、食べ物を自分の口に運ばせる。まるで、赤ちゃん返りしたよう」。

彼女は、ぐずったり、甘えたりするようになった。子育ての苦労は一気には減らない。場合によっては、手のかかることも増える。

だが、私は思う。(彼女は、いっそう〝人間くさく〟なった)と。

気になりつつも、今やるべきことをする

由香里は年明け後も、休まず学校に通った。私はある日、授業参観に出かけた。

「ことば・かず」の時間が始まる。名前が呼ばれた子どもは、みんなの前に立って、自分の名前を言う。

彼女の名前も呼ばれた。彼女は、ニコッとして、立ち上がった。自分の名前が呼ばれて、これから行動しなければならない、最も緊張する瞬間なのに、笑みがこぼれた。

（おおっ、余裕があるな）。私の気持ちまで、ゆったりする。

彼女は授業中、自分の席から、教室の後ろにいる私を、ときおり振り返った。私がふと、壁に取り付けられた鏡を見ると、彼女の顔が映っていた。彼女は、鏡をとおしても私を見ていた。ゆうやけにいる私がどうして教室にいるのか、不思議なのだろう。

こんなとき、以前の彼女なら、自分を抑えきれず、すぐに私のところにやってきたはず。だが、きょうは、そんなことはまったくない。ほかの子どもと一緒に授業に向かっていた。

休憩時間になった。彼女は初めて、私のところにやって来た。指先で私の体をチョンと触る。私が本当にいるのかどうか、確かめるように。

彼女は、気になることがあっても、今やるべきことをしていた。それほど、気持ちの折り込み方が充実してきたに違いない。

モノより、気持ちを相手に向ける

きょうのおやつ作りは、お好み焼き。

私がお好み焼きを食べようとすると、由香里がやってきた。紙皿を差し出してくる。（ここに、お好み焼きを分けてほしい）ということだ。

だが、そのとき、思いがけないことが起こった。お好み焼きが苦手な洋助（特別支援学校高校部

3年）が、「これ、どうぞ」と言って、自分のお好み焼きを皿ごと彼女に渡した。

けれども彼女は、それを洋助に突き返す。そして私に、お好み焼きを少しだけ分けてもらうと、自分の席に戻っていった。

彼女は、お好み焼きであれば、誰からもらってもよいのではなかった。自分が気持ちを向けた私から、分けてもらいたかったのだ。

そのあと彼女は、女性指導員の椎名のところにも行く。椎名の前には、手つかずのお好み焼きが置いてある。だがそれは、遼一（特別支援学級中学1年）が椎名のために作ったもの。

彼女は、椎名に紙皿を差し出して、お好み焼きをほしがる。椎名の隣に座っていた遼一がすかさず、「ダメッ！」と大声をあげる。

すると彼女は、フォークを取りにいった。

（そうか。フォークで切り分けて、自分の皿に入れてほしい、ということか）。

ところが彼女は、椎名にフォークを渡すと、その場を立ち去った。フォークを渡したのは、椎名に（食べなさい）と伝えるためだったのだ。

（食べ物に〝突進〟していた彼女が、よくぞガマンできるようになった！）。

彼女は、「モノをもらう」よりも、「自分の気持ちを相手に向ける」ほうを優先させたのだった。

彼女は、いくえにも〝揺れ〟ながら、考える力を身につけてきた。私たち大人は、試行錯誤しつつ、彼女の前向きな葛藤を支えた。彼女の力を信じて、自ら一歩を踏み出すときを待った。
彼女は、自らの思いを育てるプロセスがあったからこそ、自分の学校を〝選び直せた〟――。私たちは今、そう確信している。

本章前編　井原あどかが書いた「『公園』と『おやつ』のあいだで〝揺れる〟」は、全国放課後連編『障害のある子どもの放課後活動ハンドブック』（かもがわ出版）所収の原稿を改題・修正

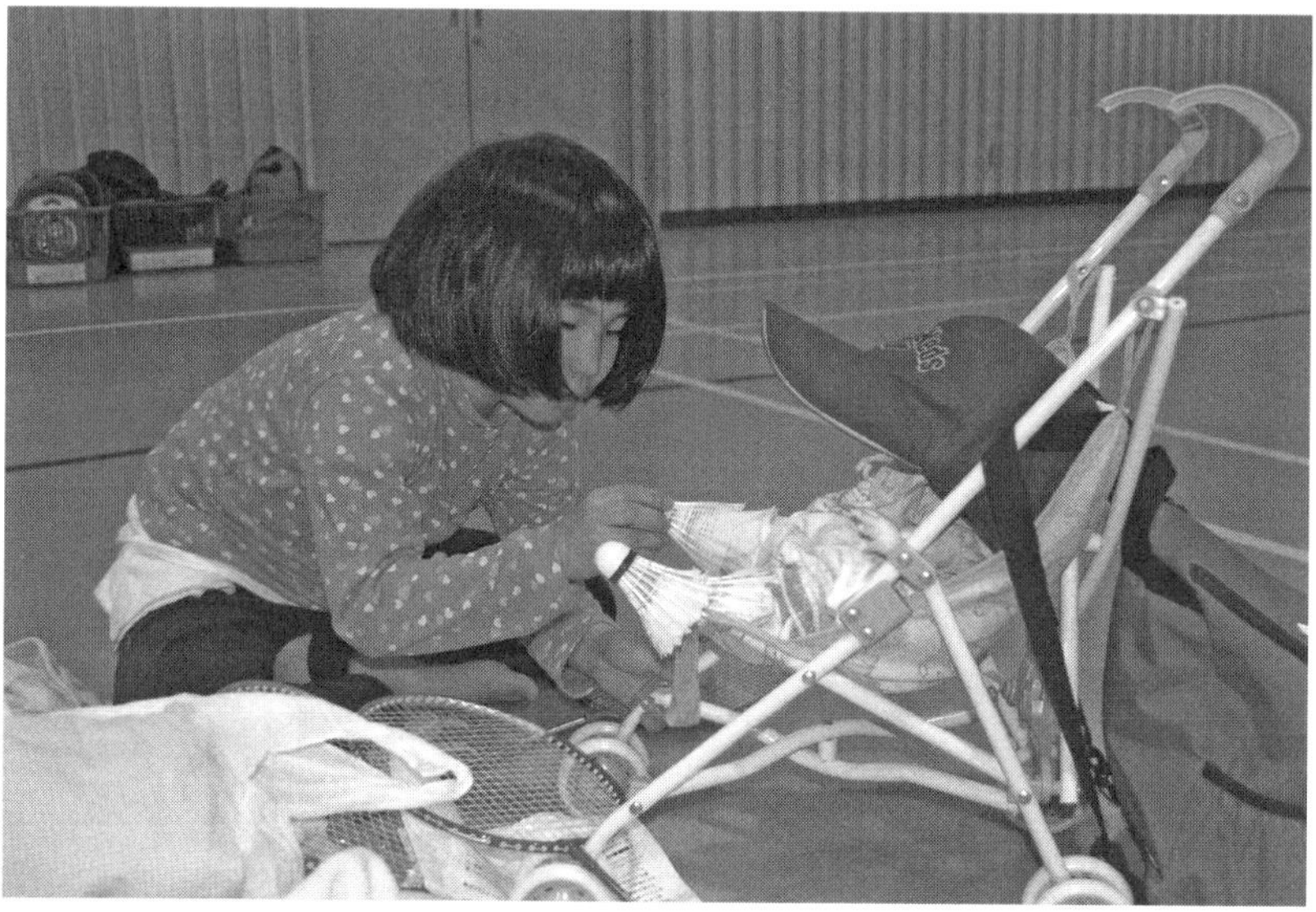

人形にシャトルのくつを“はかせる”由香里

【第5章】

ゆうやけが大切にしてきたこと

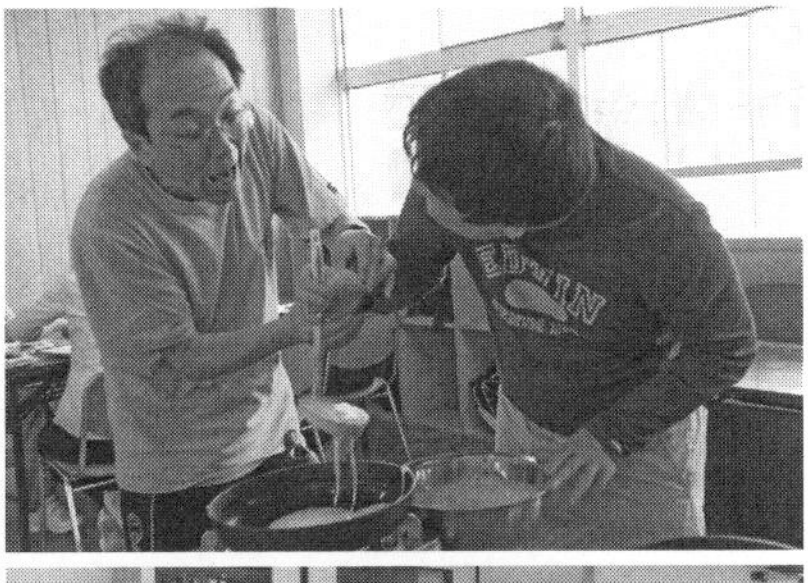

ゆうやけの職員は多忙だ。実践の現場を担うだけではなく、運営全体の統括・調整、会計や書類作成の事務、送迎車の運転…。学校でいえば、教員と管理職、事務員、スクールバスの運転手などをひっくるめて、少人数でこなすようなもの。

だが、そんな中でも私たちは、大切にしてきたことがある。それは、「子どもの人格的な力を育てる」「職員集団の力を束ねて実践にあたる」「父母と共同でとりくむ」の3つに、大きくまとめられる。

1　子どもの人格を育てる

「折り合う力」は内側に芽生える

夏休みの活動での昼食。

敏郎（特別支援学校中学部。自閉症）は、自分の弁当を食べ終えると、すぐに立ち歩く。まだ食べている人の弁当に手を突っ込んで、カラアゲを取ろうとする。私が止めると、怒って叩いてくる。

翌日。彼は、自分の弁当を食べている最中から、私を叩いてきた。（カラアゲを取るのが止められる）と予測して怒っているのだろう。とはいえ、ほかの人の食べ物を勝手に取らせるわけにもいかない。

（どうしたものか…）。

私はいったん、彼の（カラアゲがほしい）という気持ちを受け止めることにした。彼が食べ終えて、立ち上がった。私は彼に、カラになった弁当箱を持たせる。「『カラアゲください』って、お願いにいこう」と声をかける。一緒に、まだ食べている指導員のところへ。「カラアゲを少し分けてください」。私は、彼に代わって言う。彼にも「お願いしたら」と促すと、彼はペコリとおじぎする。

指導員のなかには、「ほしいの？　でも、どうしようかな…」と、じらす人もいる。私は、「肩でも揉んであげたら」と、彼の片手を、その人の肩に持っていく。彼は指を小刻みに動かす。そうした〝交渉〟のすえ、カラアゲのかけらをようやく弁当箱に入れてもらえた。私は、「座って食べよう」と、彼を席に戻らせる。彼は、ひと口で食べると、再び弁当箱を持って、立ち上がる…。

こうしたことを数回繰り返した。すると彼は、この日、それ以上カラアゲをもらえなくても、怒りださないでいた。

おじぎをしたり、肩を揉んだり…。彼は、具体的な行動をつうじて、（ほしい）という気持ちを相手に伝えた。だから、カラアゲを少し譲られたことで、（わかってもらえた）と実感して、折り合いがついたのではないだろうか。

「折り合う力」は、行動が制止されるだけでは身につかない。相手と、気持ちのトンネルを掘り合うようにして、やりとりを重ねる。そして、納得し、自分で行動を切り替える——。そのことによって、まさに、自らの内側に芽生えていく。

人格は「受け止められる活動」で培われる

私は、洋助（第3章）と遊ぶとき、大人との関係だけにならないように、ほかの子どもを誘って、ともに活動した。洋助は、友だちにも受け止めてもらいながら、気持ちを整える力を養っていった。この、「第三者を誘って遊ぶ」という発想は、そのころ職員たちが読んでいた発達心理の本からヒントを得た。だが、いま思えば、学び方が中途半端だった。「第三者」では、活動そのものが説明されていなかった。

人間関係に弱さのある子どもには、人とのかかわりを直接突きつけるのではなく、「楽しい活動」をとおして、「適度な距離感」を育てる。そのことの大事さを、洋助との実践は示していた。私たちの放課後活動は、自由度の高い実践によって、「他者にかかわる力」を育てることを得意とする、と言ってよいのではないか。

私たちは、由香里（第4章）への対応も模索していた。女性職員の井原が、ゆうやけの指導員研修会で、由香里について報告することになった。そのレジュメに、井原は最初、こう書いていた。「おやつの前、由香里は『バームクーヘン』と何度も言ってくる。だが、出てきたのはセンベイ。そのとき彼女は、『また今度』と言って、うずくまった。彼女なりに気持ちを切り替えようとしたのではないか」。

職員たちで吟味した。「『切り替えようとした』とまで言えるか。彼女は、自分の気持ちを抑えこんだだけかもしれない。自分で考えて決めたと言える事実がほかにないか」と。

研修会は数日後に迫っていた。そんなとき井原は、彼女が「公園」と「ホットケーキ」のあいだで〝揺れる〟場面に出会った。井原は急きょ、このエピソードを交えた報告に変えた。

子どもの人格は、「受け止められる活動」で培われる。そして、その力の発揮を見逃すまいとする大人の〝目〟によって、確かなものになっていく。

人格形成は、その子固有のテンポで

ゆうやけは２０１３年４月、国の制度で活動を始めた。職員たちは事前に、行政が主催する研修を受けた。

子ども一人ひとりに作る「支援計画」についての講義。ある講師は、「目標が達成できる計画をたてよ」「あいまいな計画はアウト！」と主張した。

私は、がく然とした。「支援計画」を作るにせよ、これでは、あまりにも息苦しい。子どもに、表面だけの変化を強いることにならないか。実践の機動性や臨機応変性は失われないか。

・由香里の場合。順調に育っていた彼女が突然、登校しなくなった。再登校も、〈押しつけられた〉という思いを起こさせ、かえってこじれた。大人は、手だてを尽くしつつも、彼女が自分の学校を〝選び直す〟日を待たねばならなかった。

・洋助の場合。大人がかかわろうとするほど、よけいに気持ちを高ぶらせた。それでも、友だちとともに「ヒーロー変身遊び」をして以来、キレることを激減させた。

子どもは、大人の思惑どおりには変わらない。〈後退したのではないか〉と見えるときもある。だが、変わるときは、劇的に変わっていく。

子どもの人格形成には、その子固有のテンポがある。

2　職員集団で語り合う

議論で〝わけ〟が見えてくる

誠〈特別支援学校中学部。自閉症〉は、小学部のころ、〝手がかからなかった〟。指導員に誘われれば、嫌がらず、散歩に出かけた。おやつ作りも、すぐにとりかかった。

中学部に入ってのある日、お好み焼きを作ることになる。子どもたちが調理台に集まってきた。だが彼は、イスに座ったまま。いくら呼ばれても、調理台にやってこない。指導員が代わりに、お好み焼きを作る。紙皿に乗せて、彼の前に運ぶ。

すると彼は、「あー!」と怒りだした。近くの人を噛みつこうともする。

(お好み焼きがあるのに、どうして?)。私は、理由が思いあたらず、困惑した。

あとで、職員たちで話し合った。「本当は自分で作りたい。でも、まわりの雰囲気に気おされて、できなかった。そのことへのイラだちではないか」と。


次のお好み焼き作りのとき。私は調理台で、カセットコンロとフライパンの一式を、ほかの子どもが使わないように確保する。座っている彼に、「お好み焼き、作れるよ」と手招きする。

だが、彼は動かない。私は、声をかけながら待つ。

５分が過ぎた。私が諦めかけたとき、彼はスッと立った。自ら、生地をオタマですくって、フライパンへ。片面が焼けると、フライ返しでひっくり返す。

そして、私を見て、前方を指差した。その方向には紙皿が置いてある。

(紙皿を取れ、と言うのか?)。

私は、紙皿を彼に渡す。彼は、その上に、できあがったお好み焼きを乗せる。席に運んで、穏やかに食べはじめる…。

（やはり、あのときも、自分で作りたかったに違いない！）。

みんなと一緒に作るかどうか、葛藤しつつも、自らの意志で行動したい——。そんな内面が彼に育ってきたのだろう。

議論することで、その子の〝わけ〟が見えてくる。

語り合う「職場の文化」

新任指導員の相場（女性）は、勤務の初日から、重之（第2章）に叩かれた。「そんなこと、してはいけません！」と叱る。彼は、よけいに相場を小突く。

困っていた相場に、指導員経験の長い今野（女性）がアドバイスした。「ウエルカム・オーラを出せばいいのよ」と。突き放すのではなく、歓迎の雰囲気を漂わせればよい、と言うのだ。

（なんとすばらしい助言！）。私は感心した。

そういえば今野は、彼が叩いてきたとき、明るく返していた。「誰かと思ったら、重之じゃないの。きょう着ているシャツ、カッコいいね」などと。

すると彼は、「そんなことねえよ」と、とぼける。だが、「旅行に行って、買ってもらった…」と

FERNANDO

話しだす。

彼は、（女性指導員とかかわりたい）という願いを、「叩く」という、屈折したやり方で示す。だが、いったん受け止められれば、他者とつながる力を立派に発揮できた。今野の対応は、そんな彼の〝事情〟を汲み取ったものだった。

子どもを理解するとき、基礎的な学習は必要だろう。ゆうやけの職員は、子どもが自分と他者の意図をぶつけ合って、いかに折り合いをつけるか、集中的に学んだことがある。

同時に、意見を交わすことも重要。今野の、「ウエルカム・オーラ」の発言も、女性指導員たちが伸びやかに話し合うなかで、飛びだしたものだ。

心理学者の茂木俊彦さんは、子どもについて語り合う「職場の文化」を提案している（『子どもに学んで語りあう』、全障研出版部）。

忙しい中でも、ちょっとした機会に、子どもについての気づきを、互いに言葉にしてみる。そこに、子ども理解の糸口が見つかる。

実践記録を書き、深く議論

私たち職員はときどき、実践記録を書く。職員の井原も、就職して数年たったころ、洋助について書いたことがある。

「洋助は、大人の顔色をうかがいながら、わざとテーブルに上がる。私が止めると、泣き叫びながら叩いてくる。

私は内心、いつもヒヤヒヤしていた。しかも、(何かあったら、すぐ止めなければ)と思っていた。そんな気持ちが伝わるのか、彼は私が近づくと、『来なくていい！』と言うようになった。

私はそれまで、単純に(子どもはかわいい)と思ってきた。(自分は、子どもに好かれるほうだ)と、うぬぼれてもいた。だから、彼の言葉は、とてもショックだった。(彼のことをもっとわかりたい)と、心から願った。

職員たちで、彼の記録をまとめて、検討した。『周囲の状況がわかるようになって、自分の〝できなさ〟を感じているのではないか。大人の目に過敏になっているのではないか』と。

すると、今まで見えなかったことが見えてきた。彼は、大人に対して身がまえても、友だち同士では緊張しないで遊んでいる。ならば、ほかの子どもを交えた活動を大事にしよう、と。それまで霧の中だった彼との関係に、光が差しこんできた」。


第1章でふれた文哉について私は、いくつかの短い記録をまとめていた。「『トーマス』に導かれて外出した」「学校で友だちとかかわった」などというテーマで。

それらをもとに職員で話し合うことで、彼への理解が深まった。さらに、実践の手がかり・教材の方向性も定まっていった。「トーマス」入りの紙芝居や絵カルタの具体化が、それだった。

実践記録を書くことで、深く議論できる。入念に考えるから、大胆に打って出ることもできる。

3　親と共同する

親との関係は、立ち話から

伸明の両親（椿さん）は共働き。活動後の迎えが、時間に間に合わないこともある。母親が、ゆうやけの玄関に駆けこんでくる。

だが、職員の井原は、そんな椿さんを笑顔で迎える。伸明のきょうの様子を、おもしろそうに報告する。「ノブくんは、ほかの子どもと手をつないで、フォークダンスを踊ったんですよ…」と。

それを聞き終えても椿さんは、伸明をすぐには連れて帰らない。自分が見聞きした昼間の出来事を話しだす。仕事のグチもでる。井原は、「そうですか」「たいへんでしたね」と、相づちを打っている。

椿さんいわく、「ゆうやけの職員さんとおしゃべりして、ようやく一日が終わった気がする」。伸明が楽しく過ごしたことを聞いて、ホッとする。そのことで、仕事の緊張がほぐれ始めるのだろう。

ある朝、三浦さん（母親）が、ゆうやけを訪れた。私が玄関で迎える。

三浦「井原さんはいますか？」

私「まだ出勤していません」。

三浦「じゃあ、子どもの着替えを持ってきたので、ロッカーに置いてください」。

（えっ？　着替えを持ってきたのなら、最初に顔を合わせた私に渡せばいいのに…）。

三浦さんは、ゆうやけに来たついでに、井原の顔が見たかったのだろう。そういえば、三浦さんも日ごろから、井原とよく会話していた。

親と職員の関係づくりは、立ち話から始まる。

実践と記録は、親と職員をつなぐ要

由香里が学校に行けなくなったとき、両親（上條さん）は非常に心配された。そのとき井原は、彼女の実践記録を書いた。後日、父親から手紙が届いた。

「休日に由香里と母親と私の３人、車で出かけました。駅の駐車場に車をとめたあと、由香里はその場を行ったり来たり…。駐車場から出ていきません。

私たちは、これが、井原さんが書かれていた『心の揺れ』と察して待ちました。30分ほどたったころ、母親が『歩いて、おうちに帰る?』と話しかけました。すると由香里は、やっと歩きだしました。このとき私たちは、このまま徒歩で帰宅する(50分かかる)ことを覚悟しました。ところが、そのあと由香里は、100円ショップで買い物をして、駐車場のクルマに戻ってくることができたのです」。

30分待つ。50分歩いて帰ることを覚悟する…。上條さんたちの忍耐強い努力に、私は頭が下がる思いがした。

さらに母親は、彼女が学校に行こうとするそぶりを見せたとき、自宅を出るまでの対応をヘルパーにゆだねた。彼女が〝揺れ〟やすいように、と。

井原の実践記録が上條さんたちを支えた。私たち職員も、上條さんたちの姿に励まされた。実践とその記録は、親と職員をつなぐ要。ときに、子育ての共同歩調までとらせてくれる。

親との共同を意識的に追求したい

私はかつて、則道(特別支援学校中学部。自閉症)の実践記録を書いた(前著『ゆうやけで輝く子どもたち』)。これに対して、彼の母親は手記を寄せてくれた。

「彼が『お母さん』と呼びます。私は『はぁい』と答えます。『お母さん』という心地よい響き。

それは、ゆうやけからの、すてきな贈り物なのです。

彼は、小さいときから多動で、目が離せませんでした。私は常に、彼の手を握って、そばについていました。ですから、『お母さん』と呼びかける必要がなかったのでしょう。それが、ゆうやけで過ごすようになって、母親の存在をようやく意識してくれたのです」。

2008年1月。東京都内の放課後活動団体が集まって、都の補助金制度の存続を求める集会を開いた。

則道の母親も発言してくれた。「息子は、夕方のパニックが日課になっていました。でも、ゆうやけに参加して、それがみるみる減っていきました。心身ともに満足して帰宅し、夜もぐっすり眠るようになりました。わが家は、ゆうやけに救われました」と。

福祉の制度は今、親と職員を、〝サービス〟の「利用する側」と「提供する側」に分けようとしている。これに流されるならば、両者の関係は、〝サービス〟の範囲内でのやりとりに限られてしまうだろう。

だが、こんな時代だからこそ、子どもを真ん中にして、心をかよわせる。子どもに必要な条件を求めて、社会に訴える…。親と職員の共同を意識的に追求したい。

【第６章】

地域をつくる

——30周年「1200人コンサート」奮闘記

ゆうやけが大切にしてきた、もうひとつ――。それは、地域をつくること。

1200席が満席になるか

2008年6月。ゆうやけは発足30周年を迎えて、記念コンサートを開いた。

その1年3か月前、コンサートの実行委員会が結成された。メンバーは、親や職員など23人。

まず、コンサートの目的が確認された。

・親と職員、関係者が一体となってつくってきた、ゆうやけの歴史を振り返り、これからの活動のエネルギーにしよう。

・多くの市民に、障害のある子どもや、ゆうやけのことを知ってもらい、いっそう強力な〝応援団〟になってもらおう。

話し合いは和やかにすすんだ。ところが、会場をどこにするかで意見が割れた。職員は、市民文化会館の大ホール（1200席）を提案した。親たちは、口々に異論を唱えた。

「1200席を満席にするのは無理」「チケットがそんなに売れるほど、世の中は甘くない」「中ホール（400席）が適当」…。

たしかに、1200席を埋めるのはたいへん。だが、ゆうやけの親たちはこれまで、いざとなれば、とてつもない力を発揮してきた。
・1992年。500人参加予定の体育館に、700人の市民を集めて、「ゆうやけ支援コンサート」を成功させた。これが、第1子どもクラブの施設確保（市の元公民館）につながった。
・2002年。1万1102筆もの署名を集めて、市議会への請願が採択された。これが、第2子どもクラブの補助金獲得につながった。

（今の親たちにも、自らが秘めている力に気づく経験をしてほしい）。

私は、熱っぽく訴えた。「今回のコンサートは、内輪のお祝い会にしたくない。福祉の制度が変わろうとする今、逆風が吹いても飛ばされないように、市民の中にしっかり根を張りたい。400席では狭すぎる」と。

会場が大ホールに決まった。

私は、（よかった！）と思った。だが、そのとたん、不安にかられた。

（本当に、1200席が満席になるだろうか…）。

「受け身だったが、やる気がでた」

コンサートまで1年となったころ、内部の気運を高めるため、「プレ企画」を催した。子ども・

親・職員・ボランティア158人が集った。

親たちは、企画のひとつとして、「OBの親が語る会」を開いた。長谷川さんと斉藤さんが話してくれた。

■長谷川さん

「息子は今、32歳です。彼は、1歳になる前、熱性けいれんを起こしました。点頭てんかんと診断されました。彼から笑顔や言葉が消え、ふっくらとした頬はやせていきました。先の見えない不安が私を苦しめました。あのどん底のとき、私たち親子の幸せは、ゆうやけに出会ったことでした。でも、ゆうやけは、あって当たり前の場ではありませんでした。（ゆうやけの灯を絶やさない）と、職員さんや親たちが署名を集めたり、バザーを行なったりして、ようやくここまで成長させたのです」。

■斉藤さん

「息子は、28歳になりました。ゆうやけを知ったのは、彼が6歳のとき。身辺の自立もしていないわが子を、すんなりと受け入れてくださった指導員さんたちに、胸が熱くなりました。

父母会の学習会で、永野幸雄先生（元障害児学校教員）のお話を聞いたことがあります。『子どもたちが安心して暮らせるように地域を変える。そのために、親たちが仲良くなって、子どもたちを地域の有名人にしよう』と。コンサートの目的もまさに、ここにあるのではないでしょうか」。

参加した親たちから、さまざまな感想が返ってきた。「今までは、『ゆうやけは、希望を出して待てば入会できるところ』と思っていた。でも、先輩たちの苦労があって今があると実感できた」「涙をこらえて、話を聞いた。私は、これまで受け身だったが、（頑張らなきゃ！）と、やる気がでた」などと。

シナリオと合唱が新しいつながりをつくる

コンサートのプログラムには、「ロバの音楽座」（古楽器の演奏集団）による公演のほか、ゆうやけ30年の歩みを綴る「朗読構成劇」も組み入れることになった。舞台演出家の福山啓子さんに、実行委員会に加わってもらった。

コンサート８か月前、朗読劇のシナリオ作りに着手した。

組織をつくりながら運動をすすめてきた「不倒の歴史」。福祉制度の変更や待機児の増加に対する「私たちの願い」…。それらを、親やボランティア自身が舞台に立って表現する。検討を繰り返して、シナリオが完成した。

出演者17人の稽古が始まった。大道具・小道具の作製もすすめられた。

そうした過程で、劇中歌「ゆうやけの木のうた」（福山さん作詞）が生まれた。コンサートのフィナーレで、「ゆうやけ子どもクラブのうた」（すでにある20周年記念歌）と合わせて、みんなで合唱する。だが、どうやって練習するか。

合唱の指導のため、音楽プロジューサーの小林光さんに協力を求めた。その小林さんからは、思わぬ提起があった。「せっかく、大きな会場で合唱するのだから、市内の合唱サークルにも参加してもらったらどうか」と。

（ゆうやけとまったく縁のない人たちが、どれだけ舞台に上がってくれるだろうか）。私たちは、半信半疑だった。

とりあえず、市報のバックナンバーを調べた。「お知らせ」のページに、合唱サークルのメンバー募集がときどき載っていたからだ。

知りえた連絡先すべてに電話した。了解を得て、練習日に出向いた。すると、その場でメンバー全員が参加を表明してくれたり、ほかのサークルを紹介してくれたり…。意外にも歓迎された。

最終的に、6サークルから46人も参加。ゆうやけの関係者を合わせて、２００人を超える「ゆうやけ合唱団」が結団された。

シナリオの意気ごみが、合唱の意気ごみを呼び寄せた。合唱のもつ魅力が、新しい人たちを招き入れていった。

チケット売れ過ぎ、普及ストップに

チケットの販売は３か月前から始めた。目標数は１４００枚。１２００席を満席にするため、欠席者を見込んだ数だ。

この難題に挑むため、「チケット袋作戦」が展開された。自分も頑張る。だが、それだけでは間に合わない。チケット10枚が入った封筒を、いろんな人に預けて、その人にもチケットを売ってもらおう、と。

ゆうやけの事務室には、チケットの普及数を書き込む表が貼りだされた。チラシやポスターも大量に配布・掲示された。

だが、親たちからは、弱気な声も漏れ聞こえた。「自分の家族分しか売れそうにない」「お金がかかることを人に頼むのは気が引ける」と。

実行委員会では、節目ごとに、チケットの普及状況を確かめ合った。「家庭訪問にきた、学校の先生に勧めたら、気軽に応じてくれた」「きょうだいの友だちの親に話したら、喜んで買ってくれた」などという報告もあった。そうした体験談をニュースに載せて、みんなに知らせた。

2か月前、チケットの集約数は547枚となった。家族など身内を固めて、（そろそろ、外部にも働きかけようか）という雰囲気だった。

福山さんは、親たちを励ました。「今、富士登山でいえば、5合めまで来たところ。これからが胸突き八丁で、苦しいかもしれない。でも、のた打ち回って頑張れば、結果は神が授けてくれる」と。

小林さんも、「福祉をめぐる環境が厳しいなか、ゆうやけのような民間団体が、会場を満席にしてコンサートを成功させることは、きわめて重要な意味がある」と、ニュースに寄稿してくれた。

全体が動きだしたと感じられたのは、あと1か月少しに迫ったころだった。

「子どもが騒いでも大丈夫なコンサートだから、と説得している」「1回めはダメでも、2、3回声をかけると何とかなる」「路線バスに乗ったとき、たまたま隣に座った人に、お願いした」…。

母親のなかには、50枚近くものチケットを普及したツワモノも現れた。「私たちのまわりには、好意的な人がたくさんいる」と。

いったん火がつけば燃え広がるような勢いになった。

数日前、驚くべき事態になった。チケットの集約数が目標（1400枚）を超えてしまったのだ。席のないお客さんがでてしまうおそれがある。あわてて、普及をストップした。

人生のきらめく「とき」がある

当日。大ホールの外に、開場を待つ長い行列ができた。

（私たちの手作りのコンサートに、こんなに人が！）。

信じられない光景だった。

会場は満席となった。チケットの普及総数は、なんと１５８７枚に達した。

「朗読構成劇」では、ゆうやけ発足後の歩みをたどった。青年時代の私、ふたりめの職員（星）、３人めの職員（榎沢）のそれぞれを、若いボランティアたちが演じた。

１９９１年の場面。ゆうやけへの補助金を大幅に引き下げる案が東京都からだされる。〝私〟〝星〟〝榎沢〟の３人が、ひとつの傘に駆けこんで、〝雨空〟を見上げる。私は、当時を思いだして、胸が締めつけられた。

母親たちは、父母会バザーを演じて、「かわいいリースや巾着はいかが…」と、声を張る。父親のひとりは、「ゆうやけは、子どもの情操面の成長に欠かせない」と語る。待機児の母親は、「早く入会して、親以外の人と遊びたがる子どもの欲求を満たしてやりたい」と訴える。

フィナーレ。「ゆうやけ合唱団」の面々が舞台に上がる。伴奏に合わせて、いっせいに歌声を放つ…。

終演後の楽屋は、実行委員会のメンバー、出演者たちでひしめき合った。

合唱に加わった年配の女性は、「頑張ったわね！」と、合唱団を取りまとめた女性職員を抱きしめている。親たちも、福山さんや小林さんに花束を渡して、手を取り合っている。早朝からの準備、本番の進行で疲れているにもかかわらず、どの顔も美しく輝いていた。

（人生のきらめく「とき」が、ここにある！）。

私は、大げさでもなく、そう思った。

来場者は、３１７枚の感想を書いてくれた。

・子どもを思う親の気持ち、まわりの人たちの協力…。そのなかで、青年ボランティアが職員になった。いつの時代も物事は、熱意のある人たちによって始まる。福祉の原点を思わされた。

・今の世の中、弱い者は排除されるのでは、と不安になる。しかし、心優しい人たちがたくさんいることを知って、ホッとできた。私は、人の輪に入るのが苦手だが、行動を起こすことが大事だと思った。

・私は、孫に障害があることを受け入れられなかった。でも、朗読劇を観て、孫の小さいときのたいへんさを思い起こした。ゆうやけの足どりと重なって見えた。最初から泣けてしまった。

・ゆうやけのパワーはすごい！　私の席のそばで、ゆうやけ入会を待機しているらしい、お母さんたちが話していた。「ゆうやけに入ったら、お母さんはたいへんそうね。でも、楽しそうだったね」と。

地域をつくるとは、一方通行のものではない。互いの思いを響き合わせる。安心のつながりを張りめぐらせる。こうした営みのなかに身を置いて、豊かに生きること――。

私は、コンサート成功の余韻にひたりながら、そう実感した。

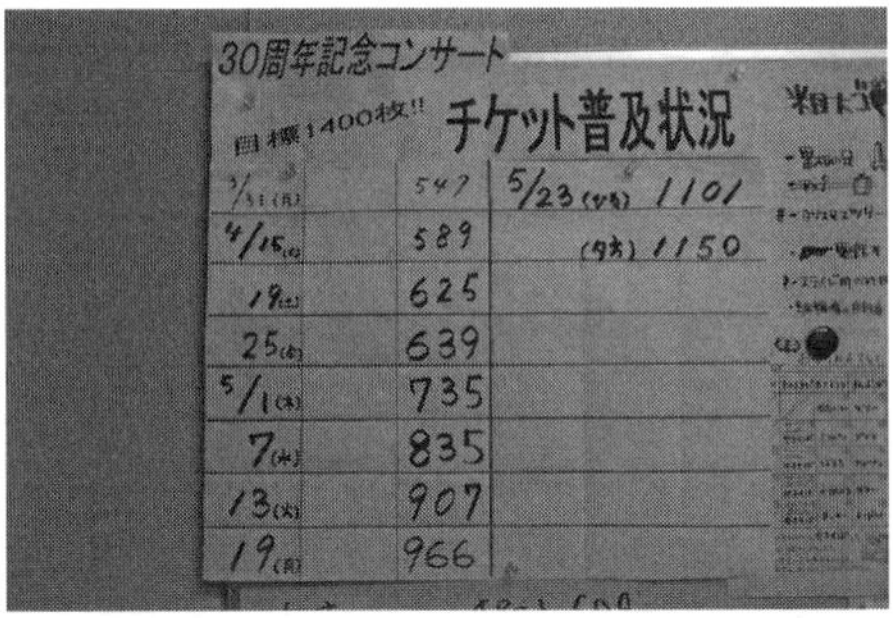

チケット普及表

朗読構成劇の練習

合唱の練習

【本書を読まれる方へ】

子どもたちと〝対話〟する、臨機応変の放課後活動

丸山啓史

ゆうやけと村岡さん

ゆうやけと村岡さんに出会ったのは、十数年前のこと。大学3年生の冬でした。養護学校の体育館での土曜日の活動に、ボランティアとして参加したのが最初です。その後、アルバイト指導員をすることになり、大学に行くよりもゆうやけに行くことの多い一年を過ごしました。

ゆうやけや子どもたちにとって自分が何かの役に立てたという実感はほとんどないのですが、ゆうやけは間違いなく私の原点の一つです。私と同じように、ゆうやけで大事なことを学んだと感じている人は、数えきれないのではないでしょうか。ゆうやけは、子どもたちだけでなく、たくさんの「大人」も育ててきたのだと思っています。

大学の卒業論文では、ゆうやけのお母さんたちにインタビューをさせてもらいました。30周年コンサートの「プレ企画」のときにお話しされたという、長谷川さんや斉藤さんのお宅にもうかがいました。そのとき、「お母さんの話をじっくり聞く機会はそう多くないから」ということで、村岡さんがいっしょに来てくれました。

お母さんが、話のなかで、「村岡さんも歳をとるんだから、子どもたちと駆け回ってるんじゃ体がもたないでしょ。グループホームをつくって、うちの子たちと暮らしてよ」と、冗談めかして言われたのをよ

く覚えています。あれから10年以上が経ち、今も、子どもたちと「脱線遊び」や「ピストルごっこ」をする村岡さんがいます。

全国放課後連と村岡さん

私が京都教育大学に就職してからは、「障害のある子どもの放課後保障全国連絡会（全国放課後連）」の活動で村岡さんと会うことが多くなりました。全国放課後連は、放課後保障の運動を進めるため、２００４年の全障研全国大会（長野大会）の夜に結成された組織です。その事務局長として、村岡さんは活動を中心的に担ってきています。

村岡さんは、たぶん、制度のことを考えたり、文書や資料を作ったりということが、それほど好きではないと思います。本当は実践にのめりこみたい。そういう思いが強いようにみえます。ただ、子どもたちのことを考えたときに、よりよい国の制度の確立が欠かせない。ゆうやけの子どもたちはもちろん、すべての子どもたちに豊かな放課後を保障したい。その使命感にかられて、軽くない役割を背負ってくれているのだと感じます。

事務局長の仕事は、会議の運営、研修会の準備、ニュースの発行、そのときどきの課題への取り組み、各種の問い合わせへの対応など、はたでみていてもかなりの量です。けれども、もちろん、村岡さんは全国放課後連の専従職員ではありません。厚生労働省との懇談を午前中に終えたあと、「迎えのバスの運転があるから」とゆうやけに戻る村岡さんなのです。ゆうやけのなかでも、村岡さんがしているのは、子どもたちとの活動だけではありません。

そうした激務のなかで、本書は生まれています。その重みを受けとめたいと、私は思います。

臨機応変の放課後活動

全国放課後連の運動を背景に、2012年には放課後等デイサービスの制度が発足しました。放課後活動のための国の制度が創設されたことは運動の重要な成果ですが、単純には喜べない側面もあります。個別支援計画が制度的に求められることになり、村岡さんが「はじめに」で触れているように、「計画」や「目標」に放課後活動が縛られる危険性があります。

村岡さんたちの実践は、最初に設定した目標に向かって一直線に進むものではありません。子どもの気持ちを探りながら、あの手この手を試み、そのなかでまた子どもの理解を深めていきます。その過程には、「予想どおり」のこともあれば、「期せずして」のこともあります。学校の先生の話から気づかされる子どもの姿もあれば、職員集団の議論でみえてくる子どもの思いもあります。

実践は、子どもたちに合わせて形を変えていきます。キーワードの一つは、臨機応変、ということになるでしょうか。それは、ある場面での「遊び心」「思いつき」「機転」であることもあれば、子どもが気持ちを向けるような遊びを新たに展開する工夫であることもあります。

子どもの「揺れる心」に向き合うためには、実践者の側にも「揺れ」と呼べるような柔軟さが求められるのかもしれません。

子どもたちとの〝対話〟

もっとも、村岡さんたちの「臨機応変」は、単なる「行き当たりばったり」ではありません。本来的な意味でいえば、「計画」がないわけでもないし、「目標」がないわけでもない。丁寧な子どもの理解と、その子どもについての村岡さんたちのねがいが土台にある。そういう「臨機応変」だと感じます。とても意図的・意識的なものが、そこにはあるはずです。

だからこそ、本書のような実践記録が生まれるような気もします。実践記録で描かれている場面の多くは、表面的には必ずしも劇的なことではありません。村岡さんたちの意識的な目によって、無数にある日常のできごとのなかから、重要な意味のあることとして拾い上げられているのだと思います。

日々のちょっとしたことからでも、子どもたちの新しい姿を発見し、子どもたちの思いに気づき、実践をつくっていく。それは、子どもたちとのコミュニケーションの積み重ねです。村岡さんたちの実践は、子どもたちとの〝対話〟といえるものではないでしょうか。

実践の道のりをともに

その〝対話〟の道のりを、部分的にではあれ、追体験できるところに、実践記録の強みと本書の魅力があるように思います。

迷い、考え、工夫する過程を、村岡さんたちと共有することができます。村岡さんたちは一つの判断をしながら実践を進めるわけですが、「自分だったら、どうするだろう」「ほかには、どういう解釈があり得るだろう」と考えながら読めるところが、本書の各所にあります。そのことによって、小手先の手法などではなく、実践において重要な考え方や発想を、本書から学びとることができるように思います。大切にしたい視点の発見や確認は、大きな力になるものです。

けれども、子どもたちと〝対話〟しながらの実践に、完成形はありません。ゆうやけの実践もまた、新しい探究をともないながら、子どもたちの豊かな放課後をめざして続いていくことでしょう。

（まるやま　けいし　京都教育大学）

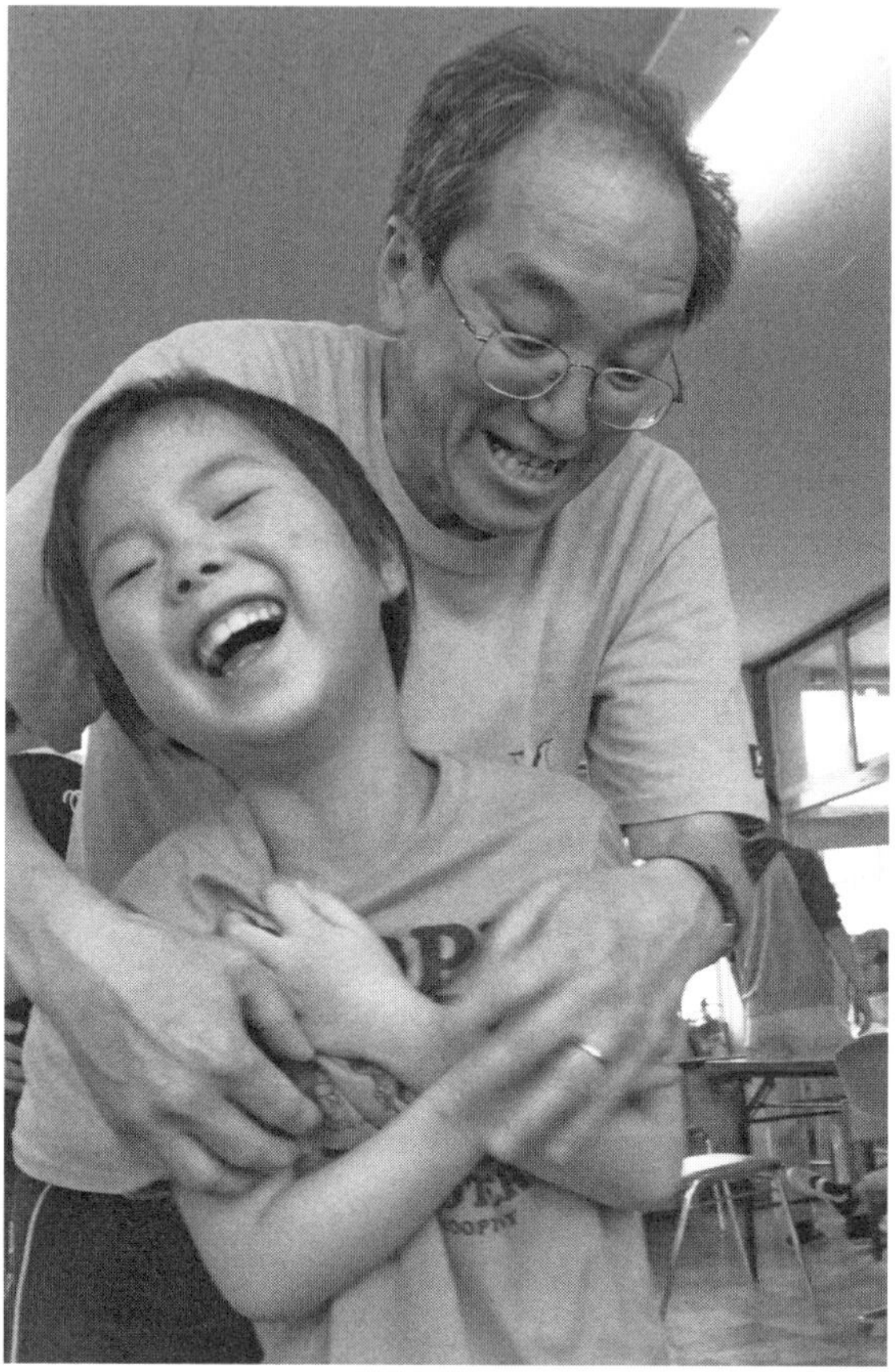

おわりに

ゆうやけは２０１３年、第３子どもクラブを新たに立ちあげた。第１・第２・第３子どもクラブの３つをまとめつつ、国の制度に移った。そのため私たちは、すさまじい困難をかかえた。

・３つの事業所を合わせると、子ども90人分の「報酬」を請求しなければならない。事前のデータ入力と合わせて、途方もない量の事務が押し寄せる。

・第３子どもクラブの改装工事費は７３５万円。そのうち補助金は２３２万円のみ。３つの事業所の年度当初の「つなぎ資金」と合わせて、莫大な資金が必要とされる。

（このままでは、「事務」と「資金繰り」に追われて、ゆうやけが大切にしてきた「実践」と「運動」が手薄になってしまう…）。

私たちはあえて、この時期、打って出ることにした。ゆうやけへの支援を市民に訴えよう、と。「第３子どもクラブを支援する　あしたは天気！コンサート」（実行委員会主催。２０１３年6月8日。１２００人）を計画した。

親たちは、コンサートの宣伝やチケットの普及に取り組んでいる。上條さん（第４章・由香里の母親）も奮闘する。

・毎朝、スクールバスの停留所に向かうとき、あいさつを交わす近所の人がいる。その人に、娘に障害があること、ゆうやけでコンサートがあることを初めて話した。快くチケットを買ってくれた。近くに、こんなに優しい人がいることを知って、うれしかった。

・いつも行く美容院にチラシを置いてもらった。そこでチラシを見た人が、ゆうやけまでやってきて、チケットを買ってくれたと聞いたので、また美容院に行ってみた。チラシの1枚が、痛まないようにラミネート加工されていたので、びっくりした。

そういえば、こんなこともあった。

上條さんは、年が明けたころ、女性職員の井原にカードを贈った。結婚相手の紹介だった。「恋の駅きっぷ」（ゆうやけの近くの駅「恋ヶ窪」で売っている恋愛祈願の記念切符）まで添えてあった。未婚だった井原を、（仕事が忙しくて、出会いがないだろう）と、心配してのことだった。

だが、実はそのとき井原は、結婚式を2か月後に控えていた。ゆうやけの関係者にも発表しようとしていた矢先だった。それを知った上條さんは大笑いした。「そうでしたか。よけいなお節介でした」と。

上條さんは以前、由香里のことで涙ぐんでばかりいた。それが今、目を見張る行動や、温かい心づかいで、私たち職員を激励してくれる。
（由香里も変わったけど、お母さんも変わった！）。
実践をつうじて醸成された、親との信頼の力が、運動の力に連動していた。

私も、こうしたとき、（自分にできることはないか）と考えました。（流されそうになるからこそ、これまでの実践と運動で大切にしてきたものを記しておきたい）と、本の出版を思いたちました。しかし、未熟な実践者の、大それた思いつきでした。執筆の時間を確保すること自体が〝たたかい〟でした。

この無謀な試みをようやく形にできたのは、ひとえに、全障研の皆さんの親身なご援助があったからにほかなりません。ゆうやけの実践・運動をさらにすすめることで、ご恩返しをしたいと思います。

２０１３年５月　ゆうやけ子どもクラブ発足35周年の年に　村岡真治

著者　村岡真治（むらおか　しんじ）

1958年、山口県出身。1983年、上智大学外国語学部卒業。
現在、ゆうやけ子どもクラブ代表、障害のある子どもの
放課後保障全国連絡会（全国放課後連）副会長。
趣味は書道。

本書をお買い上げいただいた方で、視覚障害により活字を読むことが困難な方のために、テキストデータを準備しています。ご希望の方は、下記の「全国障害者問題研究会出版部」までお問い合わせください。

揺れる心が自分をつくる――放課後活動だからできること

2013年7月20日　初版　第1刷発行　　＊定価はカバーに表示してあります
2021年6月20日　　　　第4刷発行

著　者　村岡真治
発行所　全国障害者問題研究会出版部
〒169-0051 東京都新宿区西早稲田2-15-10 西早稲田関口ビル4F
TEL 03(5285)2601　FAX 03(5285)2603
http://www.nginet.or.jp
印　刷　モリモト印刷

ISBN978-4-88134-175-9